湖南省自然科学基金青年项目（2021JJ40217）
湖南省社科基金青年项目（18YBQ052）
湖南省社会科学成果评审委员会项目（XSP20YBC122）

社会资本与家族企业控股股东代理问题研究

李华金　著

湘潭大学出版社
XIANGTAN UNIVERSITY PRESS

前　言

社会资本作为社会科学研究领域的前沿概念，强调信任、规范、网络等非正式制度因素对经济行为的影响。由于“家族性”这一社会因素的嵌入，家族企业的治理也在很大程度上受到了诸如信任、网络、规范等非制度性因素的影响。社会资本与家族企业之间呈现出多个方面的契合点，社会资本理论成为研究家族企业的一个全新视角。尽管已有部分学者尝试从社会资本的视角来分析家族企业的组织特征和治理行为，然而已有的研究缺乏从社会资本理论视角来关注控股股东的治理角色。控股股东作为控制性家族的家长权威以及家族企业公司治理的主导者，其行为也会受到的社会关系网络、信任模式等社会资本因素的影响。本书从社会资本这一视角来分析家族企业的控股股东代理问题，将社会资本因素纳入到控股股东代理问题的分析框架中，试图更为全面、透彻地解析家族企业控股股东代理问题产生的内在机理。

本书遵循“构建理论框架—理论分析—实证检验”的研究思路，以“家族企业控股股东社会资本与控股股东代理问题”作为全书的研究主线，主要分析和探讨以下三个问题：第一，家族企业控股股东的社会资本分析；第二，社会资本对控股股东代理问题的影响；第三，社会资本对控股股东代理问题治理的影响。

本书首先在充分理解控股股东代理问题、企业社会资本理论以及社会资本理论视角下家族企业相关研究的基础上，构建了家族企业及其控股股东社会资本分析框架。然后，分析家族企业控股股东代理问题的产生机理，并利用数理模型探讨社会资本与家族企业控股股东利益侵占之间的关系。最后，利用我国资本市场上825家上市家族企业2012—2021年共8250个观测数据对相关理论进行了实证检验。通过深入分析和探讨得出了以下主要结论。

(1) 由于“家族性”的嵌入，家族企业社会资本即具有家族网络特征又具有企业网络特征，表现出双重网络性：由于家族网络范围与企业网络范围的不同，家族企业的社会资本即具有正向外部性又具有负向外部性。正是这种负向外部性导致控股股东在投资和利用社会资本的过程中形成对网络范围外的中小股东的利益侵占，从而产生控股股东代理问题。

(2) 受转轨制经济特征以及传统“家文化”的影响，我国家族企业控股股东对上市公司的控制包括金字塔式的“股权控制”和网络式的“社会资本控制”。在社会资本控制的影响下，控股股东实施利益侵占的行为能力和动机被强化，对上市公司的利益侵占也逐渐转变为隐性剥夺，利益侵占方式多样化，控股股东身份和利益侵占行为更加隐蔽，控股股东代理问题更为严重。

(3) 通过数理模型推导，本书得出了以下研究结论：一是控股股东现金流权比例与控股股东利益侵占之间呈负相关关系；二是控股股东对上市公司的实际控制能力越强，控股股东的利益侵占越严重；三是股权制衡、法律监管等公司治理机制能够在一定程度上抑制控股股东的利益侵占行为，但是控股股东的社会资本会通过弱化公司治理机制对控股股东利益侵占的治理效应，进而对控股股东的利益侵占产生影响。

(4) 通过实证分析发现，我国上市家族企业“股权控制”和“社会资本控制”的双重控制链确实存在，而且“股权控制”与“社会资本控制”之间存在显著的负相关关系，表明我国家族企业控股股东在弱化股权控制的同时会进一步强化社会资本控制，进而达到对上市公司的全面终极控制。对我国上市家族企业而言，社会资本控制与控股股东利益侵占显著正相关，控股股东的最终现金流权主要表现出利益协同效应，且控股股东的社会资本控制会弱化最终现金流权的利益协同效应。

(5) 进一步研究发现，法律监管、股权制衡以及高管持股能够有效抑制我国上市家族企业控股股东的利益侵占行为，但是外部审计与独立董事这两种治理机制未能有效地发挥治理功能。不同层次的社会资本对公司治理的有效性会产生不同的影响，控股股东的内部社会资本、外部社会资本会显著抑制法律监管、股权制衡以及高管持股的治理效应。控股股东个体社会资本对法律监管、高管持股的治理效应具有显著的负向影响，但是对股权制衡治理的调节效应不明显。在法律监管环境较好时，外部审计与独立董事也能够显著抑制控股股东的利益侵占。因此加强法律制度建设、完善公司治理环境仍然是解决我国上市家族企业控股股东代理问题的关键。

本书的主要贡献在于：在把握中国家族企业“家族性”嵌入特征的基础上，将社会资本引入到家族企业控股股东代理问题研究中，尝试对社会资本视角下家族企业控股股东代理问题产生的内在机理进行系统分析，创新性地构建了社会资本视角下控股股东代理问题研究的理论模型以及控股股东的社会资本控制指数，运用大样本数据对社会资本、控股股东利益侵占与公司治理之间的关系进行了实证检验，得出了一些原创性的研究结论。

目　录

第1章　绪论

作为本书的开篇章节，本章主要对论文的研究背景和研究意义、主要研究内容、相关概念界定、研究框架、结构安排以及研究方法等内容进行介绍，并提炼出本书的主要创新点和不足之处。

1.1 研究背景和意义

1.1.1 研究背景

自 La Porta（1999）提出终极控制权理论以来，大量的实证研究表明，股权集中是全世界范围内的普遍形态。Schulze（2001）研究发现，股权集中作为一种替代性的治理机制，能够有效抑制法律不完善条件下内部管理层的利益侵占行为，有利于股东与管理层之间代理问题的解决，但是，控制权私人收益的存在又会引发控股股东与中小股东之间的代理问题。随后，学者们纷纷从不同角度分析、识别和寻找控股股东实施利益侵占的证据。通过梳理相关文献，控股股东的利益侵占大致分为以下三种类型：一是控制权私人收益等间接利益行为。Lemmon & Lins（2003）、叶勇（2007）、郑国坚（2013）等认为，为了获得投票权溢价和控制权转让溢价，控股股东能够获得的控制权溢价越高，公司价值损毁越严重。二是关联交易、股利政策、贷款担保、资金占用、管理盘踞等直接利益行为，Lee & Xiao（2005）、申明浩（2008）、魏明海（2013）等认为控股股东会通过关联交易的方式实施"隧道掏空"行为，损毁公司价值，损害中小股东利益。Bea（2003）、Kouki & Guizani（2009）；刘孟晖（2011）；支晓强（2014）等的研究表明，控股股东的现金流权与现金股利支付水平正相关，当控股股东拥有较低现金流权时，控股股东倾向于低股利政策。Gugler & Yurtoglu（2003）、郑建明（2007）等认为，与控股股东相关联的贷款担保越多，控股股东对公司价值的侵害程度越大。邓建平（2007）、王克敏（2009）、朱春艳和张昕（2018）、曲晶（2019）等通过对我国上市公司的研究发现，控股股东资金占用程度非常严重，会影响上市公司价值，损害中小股东利益。三是股票减持、增发配股等市场利益行为。Cheung（2006）、Kyriacou（2009）、蔡宁和魏明海（2009）、吴育辉和吴世农（2010）、曾庆生等（2018）的研究表明，控股股东在股票减持过程中存在通过操纵股价掏空上市公司的隧道行为。Jiang（2005）、章卫东（2010）、刘建勇（2015）、柯玲（2021）认为，定向增发配股是控股股东在资本市场"圈钱"的重要工具，会严重影响上市公司价值，损害中小股东利益。

另外，学者们通过研究还发现控制性家族是各国上市公司控股股东的主要类型。Claessens，Simeon & Larry（2000）对 9 个东亚国家和地区上市公司的研究表明，以 10% 的控制权为标准，印度尼西亚有 68.6% 的上市公司被家族控制，我国香港和台湾地区分别有 64.7% 和 65.6% 的上市公司被家族控制；以 20% 的控制权为标准，印度尼西亚的家族控股股东占比为 71.5%，香港和台湾地区的占比分别为 66.7% 和 48.2%。Faccio & Larry（2002）对西欧 5232 个上市公司的研究，认为 44.29% 的上市公司被控制在家族或个人手中。Gadhoum（2005）对美国 3607 家上市公司的研究表明，控股股东中有 36.6% 为控制性家族。魏志华（2012）对我国上市公司的研究表明，我国上市家族企业的占比呈逐年递增趋势，2004 年为 21.59%，2008 年增至 29.42%，到 2010 年上升至 36.9%。① 参照同样的标准，我们对 2022 年的数据进行统计，发现这一比例约为 61.52%。可见，我国家族企业发展态势良好，已经成为我国上市公司的主要类型，因此，将其作为研究对象具有重要的现实意义。

① 数据来源，《中国家族企业发展报告，2011》，中国民（私）营经济研究会家族企业研究课题组，中信出版社，2011 年 12 月第一版，第 44 页。

同样，在我国家族企业治理中也存在严重的控股股东代理问题。如格林柯尔系、德隆系、鸿仪系、东盛科技等企业系族的家族控股股东通过挪用、侵占等手段掏空上市公司资产，致使企业系族纷纷垮塌，导致上市公司资不抵债，广大中小投资者深受其害，并严重影响了中国证券市场的健康与发展。为了有效抑制控股股东的利益侵占行为，中国证监会出台了一系列治理政策。2004 年出台了《公开发行证券的公司信息披露内容与格式准则》，要求上市公司披露企业的实际控制人及其与上市公司之间的股权关系。2005 年下达了《关于进一步做好清理大股东占用上市公司资金工作的通知》，要求控股股东清欠所占用的上市公司资金。2005 年推出了股权分置改革，改变了我国“同股不同权”二元股权结构的局面。2007 推出了上市公司专项治理活动，全面排查上市公司治理问题。2013 年、2016 年、2017 年分别出台了《上市公司大股东、董监高减持股份的若干规定》《上市公司股东、董监高减持股份的若干规定》等系列文件。2022 年出台了《控股股东和实际控制人行为规范》。

这些政策在一定程度上改善了上市公司的治理水平，但是“大鱼吃小鱼”的现象并没有完全杜绝，相比而言，上市公司控股股东则是采取更为隐蔽的手段来转移上市公司资产，侵占中小股东利益。如 2012 年许振东家族控制的振东集团通过隐蔽的关联交易占用上市公司高达 3647 万元的资产①；2018 年康美药业被爆财务造假案件中也涉及大量控股股东的资金占用和关联交易；2020 年珠海和佳医疗设备股份有限公司实际控制人郝镇熙、蔡孟珂夫妇挪用公司资金 5 亿元；2023 年海越能源被爆其控股股东及其关联方通过供应商转移和占用公司资金 3.56 亿元②。我国家族控股股东代理问题屡禁不止的重要原因在于：我国正处于经济转型时期，家族公司治理制度尚未完善，加之具有中国特色的“家”观念及亲缘关系文化特点，与西方国家相比，我国家族企业的治理问题更为复杂（贺小刚，2013）。

高闯、关鑫（2008）指出，在中国特殊的转轨制经济与儒家文化的影

① 资料来源于证监会网站公告。

② https：//caifuhao. eastmoney. com/news/20230507155845572816290

响下，仅仅依靠控股股东的“股权控制链”难以真实、可靠地识别和发现控股股东的身份及其利益侵占行为。他们认为，控股股东会除了利用金字塔等形式的少数股权结构控制上市公司之外，还会利用其所拥有的社会关系网络，动用社会资本加强对上市公司股东大会、董事会以及经理层的控制，通过这种控制机制可以很好地隐藏控股股东的真实身份，并隐蔽其利益侵占行为。随后，关鑫和高闯（2011）、赵晶和高闯（2012）等对这一问题进行较为系统的研究，他们分别利用案例研究、小样本数据验证了“社会资本控制”的存在性，形成了“社会资本控制”分析范式。这一分析范式为我们提供了新的研究视角，对控股股东控制问题的研究也更加客观、更加贴近现实。受这一研究思路的启发，我们认为对家族企业控股股东代理问题的研究也必须将“社会资本”纳入考虑范围，将其在中国特有的历史、文化情境中具体化、特殊化。基于此，本书选择从社会资本视角来研究家族企业的控股股东代理问题，探讨社会资本与家族企业控股股东代理问题之间的关系，以期得出更加符合公司治理实践的研究结论。

1.1.2 研究意义

“社会资本”这一概念被引入经济学研究领域便引起了经济学研究范式的革命，社会资本理论通过将信任、规范、网络等历史文化因素纳入经济学的研究框架，拓展了新制度主义的理论基础和经济学的研究思路。随着研究的深入，社会资本与家族企业研究呈现了多方面的契合点，成为家族企业研究的一个全新视角。本书以社会资本理论作为研究视角，尝试对家族企业社会资本的基本问题进行系统的梳理，对控股股东利用社会资本强化对上市公司的控制，以及社会资本对控股股东代理问题的影响等内容进行研究，主要的理论和现实意义体现在以下几个方面：

第一，从社会资本视角构建控股股东代理问题的分析框架，可以进一步丰富家族企业代理问题的研究。社会资本是家族企业发展过程中不可忽视的隐性资源，家族控股股东利用社会资本可以对上市公司达到有效控制，控股股东代理行为更为隐蔽和难以被发现。将社会资本理论引入控股股东代理问题的研究中，可以更为深入、全面地分析控股股东代理问题产生的实质，是对传统代理理论研究的有效补充和完善。

第二，进一步拓展了社会资本理论的研究领域。目前，企业社会资本理论被引入家族企业的研究中，主要应用于研究家族企业成长过程中社会资本的融合，以及社会资本对家族企业的关系治理的影响等方面。专门针对代理问题的研究内容较少，少有的研究也主要是基于现象和概念的解释，比较零散，缺乏深入和系统的理论研究。本书试图从社会资本理论视角对控股股东代理问题的产生机制等问题进行研究，对拓展社会资本理论的研究领域具有重要的积极意义。

第三，从社会资本理论视角研究家族企业的控股股东代理问题，有助于我们深化对中国家族企业治理问题的认识。当代中国家族企业的组织结构特征和治理结构与我国特定的社会经济制度环境密不可分，研究社会资本与控股股东代理行为之间的关系，有利于我们探讨文化传统、社会经济制度与现代企业制度的关系，从学理上探索和丰富中国家族企业的治理问题研究。

第四，研究控股股东代理问题具有重要的现实意义。控股股东代理问题不仅对中小股东利益形成侵害，对企业价值和公司的成长产生不利影响，还会影响到其他外部投资者对企业的信心，进而影响资本市场的健康发展，甚至有可能会影响到全球经济的发展。LLSV（2000）研究认为1998年的亚洲金融危机就是控股股东对上市公司的疯狂“掏空”所致。Morck（2000）的研究表明控股股东的侵害行为严重影响了资本市场的配置效率。我国学者高明华（2011）指出，微观公司治理风险的累积是2008年国际金融风险爆发的重要原因。同样，在我国证券市场上，控股股东违规操作，利用关联交易等手段非法“掏空”上市公司的案例也屡见不鲜，如德隆系、猴王股份、三九药业等。因此，研究控股股东代理问题不仅是公司治理所需要解决的问题，更有利于促进我国证券市场的发展，为证券市场监管、投资者投资信息鉴别以及我国公司治理改革提供有价值的参考。

1.2 基本概念界定

1.2.1 家族企业

家族企业作为一种典型而具有生命力的经济组织，尽管目前的相关研究已经解决了基本价值判断问题，但是总体上还处于“前范式”① 阶段，尚未形成系统的家族企业理论（Sharma，2004）。形成这种研究状况的主要原因在于家族与企业边界存在很大的模糊性，使得家族企业的概念界定争议很大。尽管国内外对家族企业的界定没有达成共识，但是许多学者都尝试把家族企业与非家族企业区分开来，主要从家族参与和家族影响两个方面来界定家族企业。

在家族参与方面，学者们主要从家族所有、家族管理和代际传承三个维度来定义家族企业（Hershon，1976；Corbetta，1999；潘必胜，1998；朱为平，2004）。家族所有是指企业的绝大多数股份由具有血亲、姻亲关系的家族成员拥有或控制。家族管理是指企业的主要管理成员由家族成员组成。代际传承是指企业的继承在家族成员内部进行，由家族成员继任企业的主要所有权和管理权。在家族影响方面，相关研究认为在对家族企业进行界定时，除了要考虑家族参与等客观因素，还需要考虑家族文化方面等主观因素，如家族价值、家族意图、家族愿景等对企业的影响（Dollinger，1993；Birnery，2006；Lttz，2010）。通过对这些定义的分析发现，学者们对这些维度的不同组合形式以及界定标准的不同形成了不同的概念。

通过分析现有家族企业的概念界定，我们不难发现，家族企业概念界定存在争议的主要原因在于：第一，家族参与角度的定义存在家族所有权比例与家族管理参与程度、以及家族代际传承代数的量化标准不统一。第二，从家族影响方面来界定，家族文化、家族意图、家族愿景等本身就是主观方面的要素，刻画标准更是难把握。也就是说，家族企业在融入了具有社会属性的家族因素

① 李新春（2005）将这种“前范式”的状态解释为：研究内容丰富但缺乏一种统一的核心问题，更缺乏普遍认同的理论框架。

后，想要对其进行清晰合理的界定存在一定的难度。因此，本书也不敢试图对家族企业的界定做出最具权威的定义，这也不是本书研究的重点。

基于本书的主要研究内容为家族企业的治理问题，本书对家族企业的界定也主要关注家族企业的公司治理特征方面，尝试对家族企业做如下界定：家族企业是以家族所有、家族管理以及代际传承三个维度的家族参与为手段，以实现家族意图或家族愿景为主的企业组织。该定义中的家族所有和家族管理是以实现家族意图或愿景为目的，代际传承是为了更好地延续这一目的。这一概念中的“家族”是指具有血缘关系的社会群体，包括自然血缘关系和社会血缘关系，自然血缘关系包括父母子女关系、兄弟姐妹关系；社会血缘关系包括夫妻关系、翁婿婆媳关系以及妯娌连襟关系等。家族所有对非上市企业而言采用51%及以上作为控制标准，对上市企业采用家族或个人是否是上市公司的第一大股东作为控制标准。家族管理以实际控制人是否担任公司董事长或总经理，或有两名及以上家族成员参与企业管理作为量化标准。家族传承的界定标准为是否有两代以上的人员参与到企业的经营管理过程中（即将发生代际传承），或已经发生代际传承。

1.2.2 控股股东

控股股东（controlling shareholder）这一概念是由 La Porta（1999）等首次提出的，有时也被称为终极股东或终极控制人。基于各国公司发展历史及法律制度的不同，各国对控股股东定义也存在差异。如美国法律协会将控股股东定义为：持有公司50%以上有表决权的流通股份，并能够对公司的运作产生支配性影响的股东。德国将其定义为：能够直接或间接向公司施加控制性影响的股东。而欧盟公司法将控股股东解释为：拥有公司的大多数表决权，或者有权任免公司的主要经营管理人员或监管成员，同时有权对自己或附属公司行使控制性影响的股东。我国台湾地区《公司法》将控股股东定义为：控股股东是受表决协议或受共同控制人的联合，能够长期掌控在股东大会上的多数表决权，或者拥有选择公司管理人员的表决权，或存在管理公司事实的股东。我国《公司法》将控股股东定义为：持有公司50%及以上股权的股东，或者出资额不足50%但所拥有的投票表决权能够对股东（大）

会产生重大影响的股东。

在学术研究领域，La Porta（1998）、Faccio（2000）等学者主要从控制权角度确定上市公司是否存在控股股东，以10%或20%的最终控制权作为控股股东的界定标准，但是这一临界“阈值”标准尚存在争议。随着研究的深入，越来越多的学者更加注重股东对上市公司的实质性影响，在界定控股股东时放宽了对持股比例的要求。鉴于我国上市家族企业的实际情况，本书也对控股股东的持股比例不做要求，主要关注股东对上市公司的实际性影响，将控股股东定义为：控股股东是指直接或间接持有上市公司股份最多的（第一大股东），并能够对上市公司的决策、经营管理等产生实质性影响的股东，主要包括上市公司的第一大股东、第一大股东的实际控制人以及他们的一致行动人。相对于控股股东而言，本书将除控股股东之外的其他股东全部统称为“中小股东”。

1.2.3 控股股东代理问题

目前，国内外的主流观点认为控股股东代理问题是指控股股东与中小股东之间的代理问题，是相对所有者与管理层内部代理问题而言的股东与股东之间的第二类代理问题（La Porta et al，2002），研究的主要内容为控股股东对中小股东利益侵占行为及其所导致的经济后果。也有学者从利益相关者角度出发，认为控股股东基于侵占上市公司资源，导致公司价值损失，损害的不仅仅是中小股东的利益，还包括债权人、员工、供应商等其他利益相关者，控股股东代理问题是指控股股东与公司利益相关者之间的代理问题（余明桂，2007）。

尽管利益者相关理论对控股股东代理问题的解释更为全面。但是，一般只有在公司资不抵债时，债权人、员工等其他利益相关者的利益才会受到损害。基于我国证券市场的特点，作为珍贵的“壳”资源，上市公司一般不会被“掏空”到资不抵债的地步。即使连续亏损被ST后，控股股东基于长远“掏空”打算也会对上市公司进行资产支持或者上市公司会被新的控股股东进行资产重组，债权人等其他利益相关者利益受影响的可能性比较小。因此，本书所指的控股股代理问题主要是控股股东与中小股东之间的代理问题，研究的主要内容为控股股东作为上市公司的实际控制人，“主动”接受中小股东的“被动”委托①后，对中小股东利益进行侵占的行为及其所产生的经济后果。具体到本书的研究对象家族企业，控股股东实际上就是指控制性家族，控股股东代理问题亦即控制性家族与中小股东之间的代理问题。

1.3 研究思路、方法与内容

1.3.1 研究思路

本书在公司治理理论框架下，遵循“构建理论框架—理论机制探讨—实证分析”的思路展开研究，全书共分为9章，研究思路如图1.1所示。

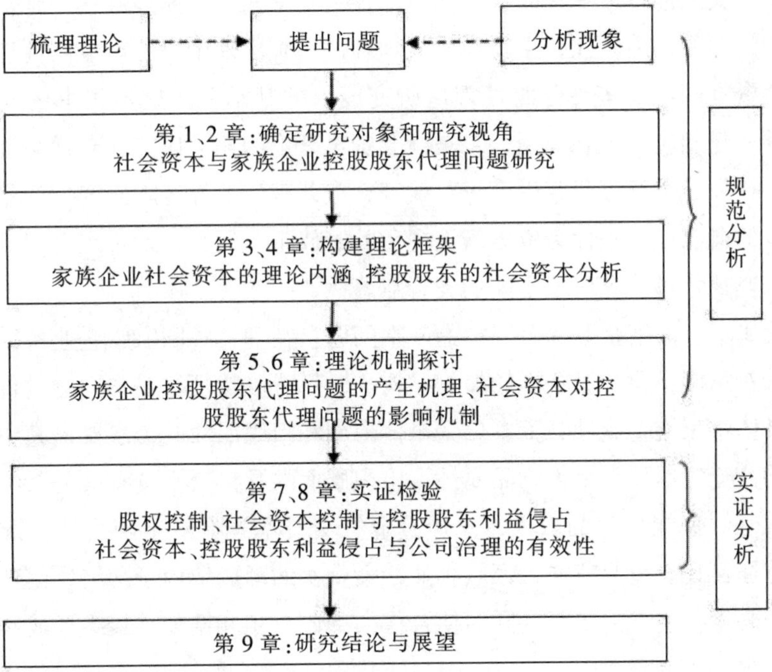

图1.1　本书的技术路线图

① 这种委托代理关系是一种被动的委托代理关系，中小股东并没有明确委托控股股东，但是由于控股股东掌握了公司的控制权，中小股东无法有效行使表决权，只好将表决权“被动”委托给控股股东。

1.3.2 研究方法

本书主要采用规范分析和实证分析相结合的研究方法，在文献综述以及理论分析过程中，主要采用归纳、演绎以及数理分析等规范研究方法，在实证研究部分主要采用主成分分析法、多元线性回归等计量方法。

1.3.3 研究内容

第 1 章：绪论。

第 2 章：文献综述。根据论文的研究内容、研究视角和研究对象，对现有的研究文献进行梳理和回顾。文献综述主要从三个方面展开：一是控股股东代理问题的相关研究，主要包括代理理论、管家理论、资产专用性理论以及社会资本理论，在整合四种理论研究成果的基础上，确定本书的研究视角，并构建相应的概念模型；二是社会资本理论的相关研究，对社会资本的概念、特征、类型等研究内容进行梳理，在此基础上界定本研究中的企业社会资本的概念；三是社会资本理论视角的家族企业研究，通过现有研究成果找出研究视角和研究对象之间的契合点。

第 3 章：家族企业社会资本的基本问题。在理解我国家族企业特征的基础上，对家族企业社会资本的概念、构成、形成、特征等基本问题进行了分析。具体将家族企业社会资本分为个体层面和组织层面两个层次，其中个体层面的社会资本具有私人物品属性，组织层面的社会资本具有准公共物品属性。由于“家族性”的嵌入，家族企业社会资本具有双重网络性，既具有家族特征又具有企业特征。家族企业社会资本的形成依赖于网络、信任和规范三个要素，这三个要素共同促使合作的形成，相互循环并最终形成和累积社会资本。

第 4 章：家族企业控股股东的社会资本分析。基于家族企业社会资本分析的基本框架，将控股股东的社会资本分为企业外部社会资本、企业内部社会资本与控股股东个体社会资本三种类型，并具体探讨了其典型特征，然后，对控股股东构建和动用社会资本的缘由展开分析。最后，本章从社会关系构建形式方面分析了控股股东构建社会资本途径以及控股股东利用社会资本的外部性问题。

第 5 章：家族企业控股股东代理问题的形成机理。基于委托代理理论的分析框架，结合家族企业委托代理关系，对家族企业控股股东代理问题的形成原因、主要表现及其经济后果展开讨论。

第 6 章：社会资本对家族企业控股股东代理问题的影响机制。基于家族企业社会资本的特点，从家族企业控股股东的控制权获取、利益动机、利益侵占方式等方面系统探讨社会资本的影响机制，并通过构建加入社会资本因素后的数理模型，探讨控股股东代理问题产生的边界条件。

第 7 章：股东结构、社会资本控制与控股股东利益侵占。首先对中国家族企业控股股东的股权控制特征进行分析，构建评价指标体系，运用因子分析法对控股股东的社会资本指数进行设计和评价，然后，运用回归分析方法对股权结构、社会资本控制与控股股东代理问题之间的关系进行实证检验，为本书的理论研究提供经验证据。

第 8 章：社会资本、控股股东利益侵占与公司治理的有效性。首先，检验不同层次的公司治理机制对控股股东利益侵占的影响；然后检验社会资本对公司治理与控股股东利益侵占关系的影响，验证社会资本对公司治理机制在抑制控股股东利益侵占方面的有效性，为控股股东代理问题的治理提供经验启示。

第 9 章：研究结论与展望。在总结主要研究结论的基础上，提出本研究的一些实践启示，最后讨论研究的局限性以及未来研究展望。

1.4 研究贡献与创新

1.4.1 研究贡献

本书的主要贡献在于：在把握家族企业“家族性”嵌入特征的基础上，从社会资本理论视角来研究家族企业控股股东代理问题。将社会资本理论引入到家族企业控股股东代理问题的研究中，尝试对家族企业社会资本的基本问题进行系统梳理，试图更为全面、透彻地解析家族企业控股股东代理问题产生的内在机理，分析和验证了社会资本对上市家族企业控股股东利益侵占行为的影响以及社会资本视角下公司治理的有效性等问题，研究问题贴近现实、符合实际情况，具有重要的实践指导意义。

1.4.2 研究创新

与以往的研究相比，本书的创新之处主要体现在以下三个方面：

第一，将社会资本因素引入控股股东代理问题的分析框架中，更为全面、透彻地分析了上市家族企业控股股东代理问题产生的内在机理。通过对现有文献研究的归纳演绎，构建了社会资本理论视角下控股股东代理问题研究的概念模型。现有的相关研究对控股股东代理问题产生原因的解释大都基于股权结构特征的分析，认为最终投票权与最终现金流权的偏离是控股股东代理问题产生的根本原因。本书主要着眼于家族企业的“家族性”嵌入特征，认为控制性家族除了利用金字塔式的股权结构控制上市公司外，还会通过社会关系网络加强对上市公司的控制，“股权控制”和“社会资本控制”的双重控制机理是上市家族企业的重要特征。在这种双重控制机理下，控股股东实施利益侵占的行为能力和动机被进一步增强，股权结构和社会资本因素共同影响控股股东实施利益侵占的行为能力、行为动机和后果承担机制，并最终对控股股东代理问题产生影响。

第二，构建了家族企业控股股东的社会资本控制指数。目前对控股股东“社会资本控制”相关的研究大都基于案例分析或小样本的问卷调查数据所得出研究结论，尚未有研究利用大样本数据对控股股东的社会资本控制进行测度。本书在深刻理解家族企业社会资本控制机理的基础上，从“家族性”和“泛家族性”的分析维度构建了控股股东对股东大会、董事会以及经理层的社会资本控制指标，采用主成分分析法赋权重的方法得到控股股东的社会资本控制指数，首次将控股股东的“社会资本控制”从“控制权”中剥离出来进行了定量化测度。

第三，运用大样本数据检验了中国上市家族企业的股权结构、社会资本控制与控股股东利益侵占之间的关系。通过实证分析，本书发现上市家族企业的股权控制与社会资本控制之间呈显著负相关关系，控股股东在弱化股权控制的同时会逐步加强社会资本控制，以实现对上市公司的全面终极控制，控股股东社会资本控制与控股股东的利益侵占显著正相关。其次，对我国上市家族企业而言，控股股东的现金流权比例主要表现出利益协同效应，社会资本控制会对这种利益协同效应产生负向影响，也就是说，社会资本弱化了控股股东现金流权比例对控股股东利益侵占行为约束，可能导致更为严重的控股股东利益侵占问题。最后，通过进一步的实证分析发现，不同层次公司治理机制对控股股东代理问题产生不同的影响，不同层次的社会资本对公司治理机制与控股股东利益侵占的关系产生不同的影响，这些研究结论为我国家族企业控股股东代理问题的治理提供重要启示。

第 2 章　文献综述

现有文献关于控股股东代理问题以及社会资本研究的文献已经相当丰富，这为本书的研究打下了坚实的基础。但是，真正专门研究家族企业控股股东代理问题的文献相对较少。基于论文研究内容和研究目的以及具体研究方法要求，本书主要从以下三个方面进行文献梳理：一是控股股东代理问题的相关研究；二是企业社会资本的相关研究；三是社会资本与家族企业的相关研究。

2.1 关于控股股东代理问题的研究

控股股东代理问题的复杂性和普遍性使得相关的研究已逐渐深入到行为金融、社会伦理等研究领域，并呈现出多学科交叉的研究趋势。尽管这种演进趋势有助于我们更为全面地理解控股股东代理行为的本质，但是由于理论背景、研究范式之间的差异，各理论视角所得出的研究结论之间存在很大差异，有时候甚至出现完全相悖的研究结论。基于此，本书将从不同理论视角对控股股东代理问题的研究进行回顾和评价，并在此基础上构建控股股东代理问题研究的概念模型。

2.1.1 代理理论视角的研究

代理理论对控股股东代理问题的解释，主要借用所有者与管理者之间代理问题的研究框架，认为控股股东代理问题的产生在于企业合约的不完全性和信息的非对称性（韩云，2017）。在股权集中条件下控股股东作为内部人拥有更多的信息和更多的剩余控制权，对公司拥有完全的控制能力，信息缺乏的中小股东无法对其进行有效监督，导致控股股东产生机会主义行为，侵占中小股东利益（王垒等，2016）。代理理论认为代理问题产生的根本原因在于委托人和代理人之间存在利益冲突（张宁和郑少峰，2015）。利益冲突形成的主要原因在于股权结构安排，那么股权结构安排是怎样导致股东之间的异质性的呢？Claessens et al.（2002）等研究发现，通过构建复杂的金字塔结构、二元股份结构以及交叉持股等方式，控股股东只需以较少的投资（现金流权）就能够获得较多的投票表决权（控制权），控制权与现金流权发生偏离。控制权与现金流权的偏离使控股股东的权责利不再遵循"一票一权"原则（郑志刚，2014），控股股东的利益目标与公司、中小股东的利益目标分化，控股股东以全体股东代理人身份成为公司的实际控制者，公司运行主要遵循控股股东的意志，在某些情境下就可能形成对公司价值的毁损，造成对中小股东利益的侵占（郑志刚，2019）。

基于此，股权结构成为研究控股股东代理问题的核心内容之一。学者们纷纷运用实证数据检验股权结构与公司价值之间的关系，试图发现控股股东在上市公司治理中所扮演的角色和地位。Wu & Wang（2005）认为控股股东拥有较大份额的现金流权，并掌握着公司决定性的投票表决权，有能力也有动力监督经理人，控股股东的持股比例与公司价值正相关，控股股东的存在具有利益协同效应。Claessens et al.（2002）等则认为，控股股东承担了额外的监督成本，中小股东的"搭便车"行为分享了控股股东监督带来的公司价值增值，而控股股东却需要为此付出额外的成本，为了弥补这部分额外成本损失，控股股东有动机也有能力通过侵占上市公司资产来获利，控股股东的持股比例与上市公司价值负相关，控股股东的存在具有利益侵占效应。Hughes（2009）等学者综合上述两种观点认为，控股股东的持股比例与公司价值之间呈倒 U 型的非线性关系，控股股东既具有利益协同效应又具有利益侵占效应。总之，这些研究认为股权结构是影响控股股东代理行为的决定性因素，控股股东拥有的现金流权、控制权大小以及两权偏离程度是决定控股股东是否实施利益侵占的前提（田利辉和范乙凡，2018）。

根据资产组合理论，分散投资有利于降低投资风险，那么是什么原因让控股股东将大量资产集中投资于上市公司，愿意承担监督经理层和资产集中的风险成本？Grossman & Hart（1988）认为，控股股东之所以集中投资、掌握上市公司控制权的根本动因在于控制权私人收益的存在，控制权私人收益足以弥补控股股东在上述两个方面的成本损失（李元旭和吉祥熙，2017）。控制权私人收益是指控股股东利用自身优势地位，独占或挪用公司资源中其他股东不能共享的部分（黄可等，2019），包括金钱方面和非金钱方面，金钱方面主要包括关联交易、操纵股价、过高的管理层激励等；非金钱方面是指精神享受、社会声誉等。按照西方学者的观点，控制权私人收益是控股股东对中小股东利益的侵占（Giuseppe et al.，2018）。我国学者刘少波（2007）认为，控制权私人收益的侵害论扭曲了控股股东代理行为本质，控制权私人收益是控股股东获取控制权的成本补偿，属于合理范围内的收益，只有超控制权收益才是控股股东对中小股东的利益侵害。刘茂平（2010）等也认为控制权私人收益是控股股东加强对上市公司的监督管理、加大资源整合等提升上市公司价值的成本补偿，我国上市公司控股股东控制权收益占控股股东总收益的比例约为21.18%，其中15.54%为控股股东应得的成本补偿，5.64%为控股股东的利益侵占所得。张淼（2013）进一步研究认为，控股股东的控制权私人收益中的合理部分和超额部分之间存在此消彼长的关系，分别对控股股东代理行为产生不同影响。陈惠贞和柏培文（2018）也提出，不能只片面强调大股东侵害小股东利益，适当的成本补偿是合理的。

尽管控制权私人收益的性质尚存在争议，但仍被用来作为衡量控股股东代理成本的重要指标（鲁苒怡，2015）。但目前的研究主要用股权交易的价格差来衡量控制权私人收益，只能在股权转让、控制权转让等特定情形下衡量，未能详尽控股股东代理成本的全部内容。因此，Lee & Xiao（2005）等学者用控股股东代理行为的具体表现来衡量控股股东代理成本，具体包括关联交易、股利政策、贷款担保、资金占用等。另外，基于我国股权分置改革的特殊背景，相关研究认为股权分置改革完成后我国上市公司控股股东利益侵占逐渐转变为操纵股价、股票减持和定向增发等形式，因此，股票价格变化、定向增发折价率等也被用来作为控股股东代理成本的替代指标（张雄和万迪昉，2013；吴新春，2013；杨志强和王方方，2014；郑志刚等，2014；王书林等，2016；黄可等，2019）。

在控股股东代理行为治理方面，La Porta et al.（2002）等认为投资者保护程度较好国家的中小股东更不容易遭受控股股东的利益侵害，控股股东代理行为比较不严重。Poletti Hughes（2014）也认为，控股股东代理行为有损公司价值，但是可以通过法律对投资者的司法保护予以限制。Masulis & Wang（2009）则认为股权制衡机制可以有效制约控股股东代理行为，多个大股东能够有效制约金字塔结构下的控股股东代理问题，对公司价值产生积极影响。Attig（2008）也认为具有制衡能力的大股东能够有效制约控股股东的关联交易"掏空"行为。薛亚平（2016）基于中国情境认为控股股东行为治理应该进一步深化改革，加强内部监督与中小投资者权益保护。刘林（2017）通过委内瑞拉的案例分析表明，银行贷款能在一定程度上对控股股东利益侵占行为产生治理效应。王华宾（2018）通过实证研究表明，媒体关注对控股股东代理行为产生一定约束。余应敏和刘帅（2019）通过乐视的案例分析表明，需要通过法律监管对控股股东的股权质押乱象进行治理。张淼和孙光国（2022）认为，多个大股东相互制衡有利于降低控股股东引发的过度负债行为。

综上所述，代理理论视角对控股股东代理问题的研究文献颇为丰富，该理论对控股股东代理行为的产生动机、原因、利益侵占方式以及治理等内容进行了较为全面的研究，为我们研究控股股东代理问题提供了一个较好的研究框架，是我们进行控股股东代理行为研究的理论基础。

2.1.2 管家理论视角的研究

同代理理论一样，管家理论也首先被应用在所有者与经营者之间的代理问题分析中。管家理论以心理学、社会学为基础，强调人的社会属性，认为人具有强烈的追求自我价值实现的动机，将管理者（代理人）看成忠于职守的"管家"，受成就动机和社会动机的驱动，管理者会勤勉工作以实现所有者（委托人）利益最大化（林坤河等，2022）。Tosi（2003）等学者将代理理论与管家理论进行融合，认为管理者（代理人）是具有"经济人"和"社会人"双重属性的"复杂人"，可能同时扮演管家和代理人两种角色。随着控股股东代理问题的提出，Gomez－Mejia（2007）等学者也试图运用管家理论来解释控股股东行为，认为作为代理人的控股股东同管理者一样，属于“复杂人”，具备“社会人”的属性，也会注重社会声誉、个人成就等情感因素，不仅会表现出利益侵占倾向，在某些情境下也会表现出勤勉代理人角色，实现上市公司利益最大化。

管家理论视角的控股股东代理行为研究主要集中在家族企业研究领域。Morck（2005）等从代理理论视角研究认为家族企业本质上是唯家族（控股股东）利益是图的代理人，追求自我服务动机，家族企业低绩效。Miller（2007）从管家理论出发，认为作为控股股东的家族是实现企业利益最大化的“好管家”，有自我实现动机，会自觉控制那些短期的、纯经济偏好的利益动机，促进家族企业高绩效。随着研究的深入，Khanna（2007）等发现，不能简单地将作为控股股东的家族定性为“代理人”或者“管家”两种对立的角色，根据不同情景，家族控股股东既可能表现为“管家”也可能成为“代理人”。如在西欧的上市家族企业，在不同代理问题上家族控股股东表现出不同的角色，在“股东－管理者”代理问题上控制性家族表现为管家角色，在“股东－股东”代理问题上控制性家族更多地表现为代理人角色（葛守昆，2009；Qiao，2017；蒋艳辉，2021）。那么是什么因素决定家族企业选择代理人行为或管家行为呢？王明琳、陈凌（2013）试图从双重嵌入视角来解释家族企业行为，认为除了经济因素之外，家族企业的行为选择（代理人还是管家）取决于“家族嵌入企业”过程中的认知、关系、权力所形成的“家族治理情境”，同法律制度、政治环境以及社会文化等密切相关。如王明琳（2006）认为中国以创业业务作为核心业务的直接上市家族企业具有更高的企业绩效，创业家族倾向于管家角色。宋丽红（2012）认为，当家族企业具有较强传承意愿时，家族控股股东倾向于勤勉工作，扮演管家角色；当家族缺乏传承意愿时，家族企业存在牺牲长期目标而追求短期经济利益的可能，更多地表现为代理人角色。连燕玲等（2012）认为，相对于国有企业，上市家族企业的控股股东在危机冲击中表现出更强的“管家意识”，利益掏空程度更低。

根据控股股东的“社会人”特性，管理理论视角的研究肯定了控股股东在公司治理中的积极作用，认为除了经济因素之外，社会声誉、自我成就也是影响控股股东代理行为的重要因素，为我们从行为激励方面考虑控股股东代理问题的治理提供了很好的思路。

2.1.3 资产专用性理论视角的研究

资产专用性理论是由威廉姆森、克莱因等提出的，是阐述企业存在性的经典理论。资产专用性是指资源用于特定用途后很难再转移至其他用途上的性质。资产专用性使资产投资者容易被捆绑于所投项目上，一旦交易终止，资产所有者就会遭受损失，专用性资产转变为“沉没成本”（刘建梅等，2012；杨硕和周煜皓，2017）。这种沉没成本使专用性资产投资方被“捆绑”于所投项目上，能够有效抑制专用性资产投资方的违约行为。程新生等（2012）利用上述资产专用性理论解释控股股东代理行为时认为，控股股东将大量资产投资于上市公司，与上市公司的契约关系成立后，控股股东所投的专用性资产会形成“沉没成本”，若控股股东终止交易，沉没成本将无法得到补偿，资产的“捆绑”效应将控股股东锁定于对上市公司的投资中，进而约束了控股股东的违约行为，最终对控股股东代理行为产生影响。也就是说，专用性资产促进控股股东与上市公司之间形成利益协同，抑制了控股股东掏空上市公司的机会主义行为，控股股东倾向于不侵占中小股东的利益（孙毅等，2015）。那么对于控股股东“掏空”上市公司，损害中小投资者利益的事实，资产专用性理论又是怎么解释的呢？

孙毅（2013）认为，由于不完全契约和可占用性准租的客观存在，导致专用性资产的捆绑“失效”，资产的专用性对控股股东机会主义行为的约束力减弱，产生控股股东代理问题。控股股东作为专用资产的投资方处于谈判的不利地位，其他非专用性资产投资方具有强烈的动机来侵占专用性资产所有者的利益，如中小股东的“搭便车”行为，正是这种类似不作为的机会主义行为导致控股股东的非最优效率行为，加剧了控股股东的代理行为倾向（程新生等，2015）。同时，其他外生变量诸如控股股东的资金状况、发展战略、公司治理机制以及法制环境等因素也会影响专用性资产的捆绑效应，弱化资产专用性对控股股东机会主义行为的约束（陈姝和简宇寅，2016；金勰和裘益政，2018）。

尽管从资产专用性理论视角来研究控股股东代理问题仅仅引起了少数学者的兴趣，但是该理论对控股股东代理行为解释也具有一定的合理性，特别是对专用性资产捆绑效应的解释以及控制权私人收益是控股股东控制权成本补偿的观点，有助于我们客观、全面地认识控制权私人收益的性质，不单只考虑其侵害性。

2.1.4 社会资本理论视角的研究

社会资本（Social Capital）是一个社会学的解释概念，它的起源可以追溯到早期社会学、经济学中关于规范、道德以及团体对人类行为影响的研究（杨松令等，2019）。社会资本被引入到经济学研究领域时，主要强调社会资本在促进经济增长、金融发展以及提高人力资本收入等方面的积极作用，认为社会资本作为一种有效的公司治理机制，有利于代理问题的解决（章细贞等，2017）。高闯（2008）等通过对上市公司控股股东控制机理的分析，认为控股股东除了利用金字塔等形式的股权结构控制上市公司之外，还会利用社会资本强化对上市公司的控制，并借用社会资本隐藏其控股股东身份、隐蔽其对上市公司的“掏空”行为。他们的研究指出社会资本在公司治理中的消极作用，也开创了运用社会资本理论研究控股股东代理问题的新视角。

Atuahne – Gima（2007）等认为，以文化、习俗为代表的社会网络规制以及公司内部的信任体系对参与主体的行为约束和道德倾向产生重要影响，在不确定性的公司经营环境中，以社会资本为主要内容的社会关系网络契约成为协调、主导经济关系的重要工具。同样作为具有社会属性特征的控股股东也处于庞大的社会关系网络中，社会资本对其行为产生重要影响（章金国和张梅，2019）。因此，控股股东利用其拥有的社会关系网络强化对上市公司的实际控制权具有一定的必然性。那么控股股东是怎样通过社会资本来强化对上市公司的控制的？首先，控股股东在股权控制的基础上，通过与其他中小股东的社会关系来增加自己在股东大会上的投票表决权，主要体现为夫妻、父母子女、兄弟姐妹、朋友之间共同持有上市公司股份，企业集团与金字塔结构盛行（李秉详等，2022）；其次，控股股东通过社会资本来增加或拉拢董事会成员，掌握在董事会的主要决策权，主要体现为控股股东家族成员把控董事会多数席位、独立董事是控股股东亲戚、同学或朋友；最后，为了掌握对公司具体事务的管理权，控股股东会亲自担任公司总经理或委派自己的亲人或家人担任关键管理职务（孟为和郭雪萌，2017）。

通过上述分析可知，利用“股权结构”和“社会资本”的双重控制，控股股东几乎完全掌握了上市公司的表决权、决策权以及管理权等全部实际权力，对其代理行为势必产生重要影响（巫岑和唐清泉，2016）。高闯等（2011）基于社会资本理论视角的分析，对控股股东的实际控制权、控制权私人收益等概念进行了修正，认为在社会资本控制的影响下控股股东的控制权与现金流权偏离程度进一步加大，控制权私人收益的获取途径和方式也进一步多样化，控股股东更有动机和能力对中小股东的利益实施侵占，控股股东代理问题更严重。另外，他们的研究还指出，控股股东通过强化社会资本控制、弱化股权控制的方式来隐藏自己作为上市公司实际控制人的事实（许艳芳和叶美秀，2014）。

尽管社会资本理论视角关于控股股东代理问题的研究还处于起步阶段，而且由于社会资本衡量的复杂性使得相关的研究主要为案例研究和小样本的问卷调查研究，但是这一研究为我们提供了新的研究视角，有助于我们更为全面、清晰地理解控股股东代理行为本质，对后续的相关研究具有重要的借鉴意义。

2.1.5 控股股东代理问题研究的概念模型

综上所述，由于各理论关注的侧重点不同，各理论视角的研究结论也不尽相同。表2.1从控股股东代理行为的逻辑起点、行为动因、行为表现、经济后果四个方面比较和总结了不同理论视角下的相关研究结论。

表 2.1　不同理论视角下控股股东代理问题研究比较

理论视角	逻辑起点	行为动因	控股股东行为表现	经济后果
代理理论	股权结构集中	控制权私人收益	控股股东利益侵占成本较低,倾向于实施利益侵占	上市公司经常被“掏空”,代理问题严重
管家理论	控股股东的“社会人”属性	控股股东的自我实现动机	控股股东主要表现为“管家”,倾向于不侵占	注重公司长期目标的实现,可能表现出高绩效
资产专用性理论	控股股东投入资产的专用性	专用性资产的“捆绑”效应	控股股东利益被“捆绑”于上市公司,倾向于不侵占	控股股东与上市公司之间存在利益协同,可能表现出高绩效
社会资本理论	“股权结构”与“社会资本”的双重控制机制	被进一步放大的控制权私人收益	利益侵占动机和能力进一步增强,控股股东的利益侵占行为更严重	上市公司存在“二次剥夺”的可能,代理问题更严重

资料来源:作者整理。

尽管各理论视角的研究结论差异较大甚至相互矛盾，但是仔细分析不难发现，不同视角的研究实则是关注影响控股股东代理行为的不同方面。代理理论主要研究股权结构对控股股东代理行为的影响；管家理论主要关注控股股东的“社会人”属性，认为除经济因素之外，社会声誉、自我成就等也是影响控股股东代理行为的重要因素；资产专用性理论主要考察资产性质对控股股东代理行为的影响；社会资本理论侧重考察控股股东的控制机理。代理理论与资产专用性理论的假设前提是“经济人”假设，管家理论与社会资本理论的假设前提是“社会人”假设，认为控股股东既存在经济理性的一面也存在感性的一面。显然“社会人”的假设前提更切合实际。本书以这一假设为前提，通过整合上述四种理论视角的研究结论，并根据本书的研究思路和框架，构建社会资本视角下控股股东代理问题研究的概念模型（见图 2.1）。

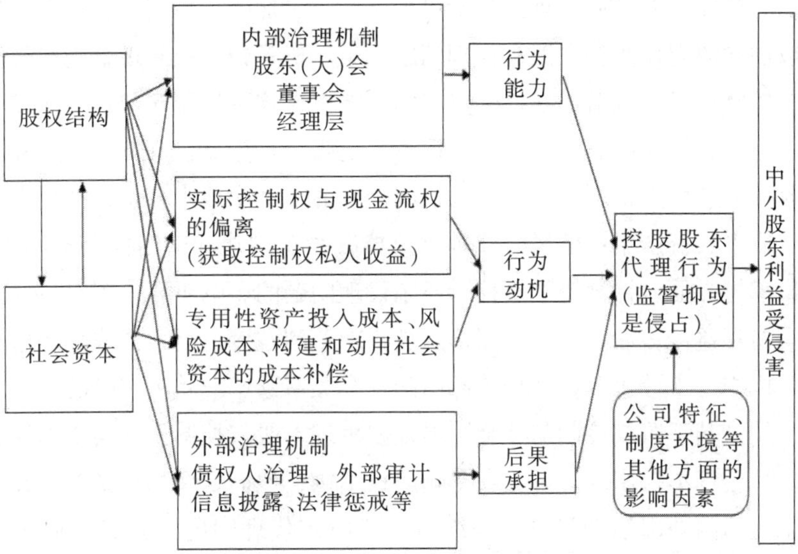

图 2.1　社会资本视角下控股股东代理问题研究的概念模型

本书主要从行为动机、行为能力和后果承担三个方面来构建控股股东代理问题研究的概念模型。总体上，社会资本主要通过公司治理机制影响控股股东代理行为，并最终对公司绩效产生影响。在控股股东行为能力方面，本书整合了社会资本理论视角“双重控制链”的观点，认为控股股东除了利用股权结构对上市公司实施股权控制外，还会利用其所拥有的社会资本加强对上市公司的控制。其中股权控制是法律赋予控股股东的控制权，社会资本控制是控股股东利用社会关系网络通过私下“协议”建立的对上市公司的影响力。通过这种“双重控制机制”，控股股东能够有效控制公司董事会，建立听命于自己的“傀儡”董事会，并进一步掌控公司的经营决策权，获得对上市公司的实际控制权，拥有了实现自身利益最大化的行为能力。

考虑了社会资本控制后的分析是对单纯股权控制分析的补充和修正，能够很好地解释为什么在少数股权结构①下控股股东仍然能够有效地控制上市

① 少数股权结构是指控股股东处于相对控制地位的股权结构，即控股股东只是上市公司的相对大股东，拥有上市公司的股权数量不超过50%的情形。

公司，对控股股东控制机理的分析更加全面、更加贴近现实。在行为动机方面，以往的研究认为控股股东代理问题产生动机是控制权与现金流权分离背景下的控制权私人收益，在社会资本的影响下，这种控制权与现金流权的分离程度更高，控制权私人收益的获取动机更强。行为动机具体包括对控制权私人收益的获取动机和成本补偿动机两个方面，其中成本补偿包括投入专用性资产成本、资产集中的风险成本以及控股股东构建和动用社会资本成本。在后果承担方面，社会资本对控股股东代理问题的影响主要表现在：控股股东在实施利益侵占后，或是利用信息披露隐藏利益侵占行为，或是动用与外部监管机构、审计机构以及相关部门的社会关系逃避或减少应受的惩罚。

另外，基于股权控制与社会资本控制机理，股权控制是社会资本控制的基础，社会资本控制反过来又会影响股权结构，他们之间相互影响，并共同作用于公司内外部治理机制，最终对控股股东代理问题及其经济后果产生影响。

2.2 关于企业社会资本的研究

社会资本（Social Capital）是一个社会学的解释概念，并被逐渐应用到经济学、管理学等多个学科领域，成为一种重要的分析工具。Stam et al.（2013）指出，社会资本的广泛应用说明它是一个具有较强解释力分析工具，具有较强的应用性。但是多学科交叉运用使得社会资本的概念和内涵得到了较大范围扩展，各学科学者根据自己需要对其进行定义，使得社会资本成为一门复杂的学科概念。为理顺研究思路，本书主要从社会资本的概念、特征、类型、作用机理等方面来回顾相关文献。

2.2.1 社会资本的概念

通过考察社会资本理论的发展史，我们不难发现社会资本的研究是建立在“关系网络”研究的基础之上的，关系网络研究成为社会资本研究的重要思想源泉。Grannovetter（1973）针对个人求职行为过程的研究提出了“弱连带有强力量”的命题，他的研究认为在求职过程中起决定性作用的信息来自个体并不亲密的弱社会关系，而联系亲密的强社会关系由于拥有信息的同质性反而不能够提供有价值的信息资源。也就是说“弱”社会关系更具发掘稀缺资源的能力。Lin（1982）指出，拥有社会资源的人才能够获得较好的发展，并将这种“社会资源”定义为嵌入在个体的社会网络中的资源，个体需要通过参与社会网络活动来获得和拥有这些资源（李新剑等，2022）。而且这种个体所拥有社会资源与个体所拥有的社会网络异质性、网络成员的社会地位以及个体与其他网络成员之间的关系强度密切相关（孙博和刘善仕，2018），也就是说，个体社会网络异质性越大、网络中个体成员社会地位越高，个体与其他网络成员之间的关系强度越高，则个体所拥有的社会资源就越丰富（卫田和万倩雯，2023）。不难看出，林南关于社会资源的概念已经比较接近于现有的社会资本的概念。

在上述研究的基础上，“社会资本”的概念被提出并获得了不断的发展和完善。基于不同的理论视角逐渐形成了不同的理论流派，其中比较具有典型代表性的学派有资源学派、能力学派、社会结构学派和政治学派。

资源学派认为社会资本是个体通过与他人的关系获得和拥有的相应资源，如信息、创意和支持等，这种概念定义与社会网络密切相关（徐炜锋和阮青松，2022）。如法国社会学家 Bourdieu（1980）将社会资源与社会网络相结合，认为社会资本是实际或潜在资源的集合体，这些资源与个体之间持久的关系网络密切相关，而且这些关系网络在一定程度上与社会制度相关，具有制度化的特征。Baker（1990）也认为社会资本是行动者从特定社会结构获得拥有追求自身利益的一种资源，而且这种资源产生于行动者之间关系的变化。Leenders & Gabbay（1999）通过分析社会结构与个体目标之间的关系，将社会资本定义为个体拥有的有形的或无形的资源，是一种可以促进个体目标达成的社会关系网络。我国学者周小虎（2005）在研究企业社会资本时也认同资源观，认为企业社会资本是企业的一种战略资源，是嵌入在企业网络结构中、能够被企业控制的、有利于企业目标实现的资源集合。林南（2020）指出，社会资本作为一种相对独立的资本形态，具有资源属性，对个人和社会有着广泛而重要的影响。

能力学派的观点认为社会资本是个体或组织获取稀缺资源的一种能力（袭希，2022）。如 Portes & Sensenbrenner（1993）将社会资本定义为：处于社会网络或社会结构中的个体获得相应资源的一种能力。Fukuyama（1995）认为，社会资本是个体在组织或群体内获取所需资源的能力，在这一过程中，信任产生了重要作用。同时，他还认为社会资本实际上就是组织和群体共同追求的非正式的价值观或规范，信任是这种价值观或规范形成的基础。随后，Portes（1998）将社会资本界定为个体成员在所处网络中或更广泛的社会结构中动用相应资源以保证或追求自身利益的能力。我国学者边燕杰和邱海雄（2000）在研究企业社会资本时，也认同社会资本是企业获取相应资源的一种能力，这种能力主要通过社会联系获得，包括纵向联系、横向联系和社会联系三种类型。持类似观点的学者还有张方华（2004）、谢从晋等（2019）、乔海燕（2019）、张铭洋和李璐璐（2022），他们认为社会资本是企业或个体获取资源的一种能力，而且这种能力是建立在各种社会关系基础之上的。

社会结构学派认为社会资本是在某种社会结构约束下表现出来的一种资本形式，是一种社会结构特征。如Coleman认为，社会结构中的个体可以通过利用这种结构特征实现自身利益，这种社会结构特征即为社会资本。Coleman（1990）在其经典著作《社会理论的基础》中认为，社会中个人与生俱来就拥有以下三种资本：一是由天生遗传和个人天赋所形成的人力资本；二是土地、货币等物质资产所构成的物质资本；三是具有社会结构资源特征的社会资本。他认为，社会资本由构成社会结构的各个要素组成，存在于人际关系结构中，能够为结构内部成员提供经济便利，并帮助结构内部成员实现某些既定经济目的。Burt（1992）也认为社会资本具有社会结构特征，由个体或组织的内外部关系网络节点组成，处于这些节点中的个体通过所处的结构洞和网络节点获取不同资源，这一网络结构所提供资源的丰富程度即为社会资本水平。我国学者王今朝和田玉婷（2022）也认为，社会资本具有结构特征，与其所处的网络结构密切相关。

政治学派的代表人物有Putnam、Fukuyama等。Putnam（1993）认为社会资本是一种能够提高社会运行效率的社会组织特征，诸如信任、规范和网络等，这些社会组织特征能够通过协调团队行为来提高社会效率。持类似观点的还有Fukuyama（1995），他认为社会资本是一种有助于组织之间合作、协调的非正式规范，这种互动性规范奖励着人们的守信行为，并对违规者进行惩罚，从而促进交易与合作，提高经济效益。由此可见，政治学派对社会资本的定义，主要侧重于考察社会资本对经济发展、国家或地区的政治制度等方面的影响，属于宏观层面的社会资本观。如世界银行（1999）对社会资本的定义也可以归类为政治学派，他们将社会资本定义为能够左右社会互动能力数量和质量的制度、关系和规范，既是构成和支撑各种制度的总和，也是将各种制度联系起来的黏合剂。

综上，尽管社会资本的概念比较宽泛，缺乏统一的核心概念和方法论，但是我们仍然可以发现学者们对社会资本的概念界定大多为：关系、网络、信任、规范、隐含的知识、嵌入、资源以及资本属性等内容。这些在帮助我们理解社会资本内涵方面具有很大的启发作用（姚铮和顾慧莹，2019）。

2.2.2 社会资本的特征

传统资本理论将资本视为匀质的物质资本范畴，直到20世纪60年代人力资本这一概念被提出，打破了资本同质性的假设，成为一种全新的资本形式。社会资本之所以能够成为继物质资本、人力资本之后的第三种资本形式，主要原因在于社会资本既具有资本的共性又具有其自有的特征（乐国林等，2006）。

首先，社会资本具有生产性，是一种可以用来投资的长期资产，可以在未来带来不确定性的期望收益或回报（Adler & Kwon，2002），这一点与物质资本和人力资本一样，属于资本的共有性质。社会资本的生产性是指人们可以对这种资本进行投资和利用以实现某些既定目标，通过对社会资本的投资和利用，人们可以获得包括经济、政治和社会等方面的回报（张方华，2005）。经济回报主要是指财富的积累；政治回报主要是指社会地位的上升，可以控制和影响更多的社会资源；社会回报主要是指社会认可度以及声誉的提升，使其更容易获得合作，能够动用更多的资源为自己谋取利益（Lin N，1986）。其次，根据 Coleman（1988）、Bourdieu（1985）等学者的观点，同其他资本一样，社会资本即具有专用性，也具有可兑换性，也可以成为其他资源的替代品或互补品。而且，同物质资本和人力资本一样，社会资本的可替代性也不是完全的可替代性，只有在某些特殊的活动和行为中才具有可替代性（武志伟，2003）。再次，社会资本同人力资本一样，需要不断对其进行投资和维护，并且具有无形性。最后，同其他资本一样，社会资本也具有相应的物品属性（石伟军等，2007）。如社会规范、行业制度等社会结构层面和组织层面的社会资本具有“集体品”的物品属性，个体可以从中受益但是不能够将其占为私人财产（Coleman，1988）。

与其他资本相比，社会资本又具有哪些不同之处呢。首先，正如 Bourdieu、Putnam 等学者所指出的那样，不同于其他资本，社会资本存在于社会关系网络中，具有“社会”属性。但是我们需要注意的是社会关系网络并不等同于社会资本。根据社会资本的资本属性，只有已经被动用的、用于投资的资源才属于资本，从这个意义上来讲社会关系网络是社会资源，属于社会资本一种表现形式（刘松博，2007）。其次，社会资本具有“马太效应”，不会因为过度使用而消亡，反而会因为人们之间的频繁交往而更加丰富，Bourdieu（1983）将其描述为“越是拥有社会资本的越值得别人交往，也就拥有更多的社会网络资源”。最后，社会资本的投资过程具有不可测量性（李晓菲，2011）。正如 Solow（1997）所指出的那样，社会资本的形成过程似乎并不容易被严格地测量。也正是由于这种不可测量性，甚至部分经济学者认为，我们应该摒弃“社会资本”这一概念，或者如 Fisman（2007）所说的那样，由于累积社会网络的努力程度无法被测量，我们在定义社会资本时应该采取比喻的说法，而不是直接将其定义为一种资本形式（贾礼文，2014）。但是，社会资本这一概念被提出后便得到了迅速发展，并成为诸多学科的重要分析工具，显然已成为“资本大家庭”中的一员。Adler & Kwon（2002）指出，尽管在某些时候我们使用“社会资本”这一概念时是比喻性的，但是这一比喻性概念已被广泛应用，不仅没有产生什么负面影响，而是帮助我们合理解释了之前无法解释的一些经济问题和社会现象。因此，我们具有充足的理由将其定义为第三种形式的资本。

2.2.3 社会资本的类型

如同概念界定一样，学者们对社会资本类型的划分方式也因研究视角的不同而各有侧重。比较典型的划分方式有 Coleman 的六分法、Krishna 以及 Lin 的两分法、Nahapiet & Ghoshal 以及 Grootaert 的三维度划分法。

（1）Coleman 的六分法。Coleman（1990）在其著作《社会理论的基础》中认为社会资本包括六种形式：一是义务与期望，即个体在实施某项行动的义务与获得相应回报的期望；二是社会关系内部的信息网络，即利用已存在的社会关系获取相关信息的网络；三是规范与有效惩罚，如团体规范要求行动个体放弃自我利益，依集体利益行事，规范通过奖励大公无私的行为，惩罚自私自利的行为来约束团体内部成员的行为；四是权威关系，如在公共性问题方面，只有将控制权转让给拥有权威的领导人才能够较好地解决“搭便车”的问题，因此，权威也是一种重要的社会资本形式；五是多功能的社会组织，如行业协会、慈善机构等基于服务目的而建立的社会团体。六是有意创建的社会组织，即行动的基于某种特定目标而建立的组织，如金融资本家为获利而建立的企业或其他形式的商业组织等。由此可见，Coleman 对社会资本类型划分的关注点在于社会资本的功能和作用。

（2）Krishna 的两分法。Krishna（1999）依据社会资本的集体行动基础将社会资本划分为制度资本和关系资本两种类型。在制度资本情境下集体行动的基础是制度，如规则和制度等；关系资本情境下集体行动的基础是关系，如准则、信念等具有认知性的内容。他的研究认为，不管是制度资本还是关系资本都能够产生集体行动，但是他们协助集体行动的潜力不同。相对而言，关系资本相对分散、缺乏组织性和稳定性。但当上述两种类型的资本相互支持时，将会最大限度地促进集体行动。

（3）Lin 的两分法。Lin（2001）的研究认为，利用社会资本的过程包括两个方面，一是接触过程，二是动员过程。依此，他将社会资本划分为接触性社会资本和动员性社会资本两种类型。接触性社会资本关注点在于个体在社会网络中所能够接触到的社会资本，他认为诸如人力资本、初始地位以及个体的社会联系等决定了个人所能够接触的资源范围，而这一资源范围会进一步影响诸如职业、权威、收入等。动员性社会资本的关注点在于地位获得过程中对社会资本的动员，即所利用的熟人地位为其所动员的社会资本，而熟人的地位也受教育、网络资源以及个体与熟人之间联系强度的影响。

（4）Nahapiet & Ghoshal 的三维度法。Nahapiet & Ghoshal（1998）提出的三维分析法是国内外学者研究社会资本时借鉴的主要方法。他们根据社会资本的自身特点将社会分为结构维度、关系维度和认知维度三个维度。其中，结构维度是指个体之间关系联结的模式，主要关注点在于网络连带是否存在、连带强弱如何以及网络结构形式如何；关系维度是指关系存在的形式，主要关注个体成员在组织中的身份地位，诸如成员之间信任与信任的强度，规范与惩罚、义务与期望以及组织成员之间的身份辨识；认知维度主要提供不同主体之间共同愿景的表达与解释，如成员之间所形成的共同价值、文化、愿景等（李前兵，2007）。①

（5）Grootaert 的三维度法。同样，Grootaert et al.（2004）也认为社会资本具有多维度性，并依据社会资本的网络结构、主观认知以及互惠性规范等内容将社会资本划分为以下三个维度：一是“结合型”社会资本，即人与人之间诸如家族成员、亲戚朋友以及工作同事之间的连带关系；二是“桥型”社会资本，除上述关系之外的其他连带关系；三是“连接型”社会资本，即个体与权威之间的连带关系，如个体与政府官员、银行职员或其他公共部门之间的关系。其中“桥型”的社会资本属于横向型社会资本，主要连接社会地位与自身地位处于同等水平或大致相当的人；“连接型”的社会资本属于纵向性社会资本，主要连接那些掌控关键政治资源和经济制度决策的人。

另外，根据研究的需要，也有学者从其他角度对社会资本进行分类。如 Cooke & Clifton（2002）认为企业社会资本应该根据网络中的正式联系和非正式联系标准进行划分，这与 Krishna 的两分法有点类似。Thomas Brown（1999）从社会资本的研究对象层次入手，将社会资本划分为微观、中观和宏观三种形式，这一观点被大多数学者所接受，已成为目前阶段系统分析社会资本的理论框架。微观层面社会资本的研究对象为个体成员，将社会资本看做是个体成员用来实现行动目标的资源或能力，如 Borudieu（1985）、

① 引自李前兵著《家族企业成长中的契约变迁：理论与实证研究》北京：经济科学出版社，2007，12.

Coleman（1988）、Lin Nan（1999）等所指的社会资本都属于微观层面的社会资本。中观层面社会资本的研究对象是企业或组织，主要强调社会资本在促进集体行动、解决信息问题、节约交易成本等方面的作用，如 Burt（1992）、Gabby（1998）等的主要研究对象为企业社会资本。宏观层面社会资本的研究对象是国家、社区或群体，主要用来研究社会资本对促进经济发展、政治民主、政治体系改革等方面的作用，如 Putman（1993）、Fukuyama（1995）、Woolcock（2000）等研究的社会资本都属于宏观层面。

2.2.4 社会资本的功能

社会资本理论起源于社会学领域，首先被用来研究社会关系网络在个人寻找工作过程中的作用，即社会资本如何帮助个人获得更好的职位或地位（李斌等，2021）。社会资本被引入到经济学研究中后，首先应用于研究社会资本与人力资本、物质资本之间的关系，随后又被应用于研究社会资本在经济发展中所产生的作用。接着，社会资本这一概念被引入到企业理论研究中，应用于研究社会资本对企业融资、技术创新、公司治理等方面的影响。

首先，社会资本具有使其他资本增值的功能，对人力资本和物资资本的收入效应产生重要影响（盛宇华和朱赛林，2020）。Coleman（1988）指出，基于家庭关系和社区关系的社会资本对个体的人力资本产生重要影响，进而影响个人的收入水平，并最终影响个人的物质资本水平。Boxman（2002）的研究也表明，社会资本制约着人力资本对个人收入的影响，社会资本增加时，人力资本对收入的影响将会减小。我国学者曹荣湘（2003）的研究也支持了类似的观点，即当社会资本处于较高水平时，单位人力资本所能够获得的收入水平将下降。唐为等（2011）通过对我农村收入水平的调查研究发现，个人的社会关系网络等社会资本能够显著增加个人的收入水平。周晔馨（2012）通过实证分析发现，社会资本水平是拉大农村收入差距的重要影响因素，社会资本对农户收入水平具有显著性影响。朱健等（2019）研究发现，社会资本有助于企业人力资本水平提升。楼芸（2020）的研究表明，社会资本对农村企业人力资本具有促进效应。

其次，在宏观经济领域，大部分学者对社会资本在促进经济发展方面的作用持肯定态度（战炤磊，2021）。如 Helliwell & Putnam（1995）在分析意大利区域经济发展不平衡原因时，发现北部地区具有更好的合作传统、互惠性等社会规范，这些要素能够有效提高合作效率，促进经济增长。Boisot & Child（1996）在研究东亚经济时也发现，东亚经济中的这种以家族或种族社群为特征的网络，是产生强信任的基础，能够有效降低交易成本，促进信息流动和技术创新，从而推动经济增长。Bertrand（2006）对欧洲国家的研究也证明，信任水平和合作程度这两个维度的社会资本与地区经济增长之间具有显著的正相关关系。我国学者张维迎等（2002）、张克中（2005）、吴光芸（2011）、严成樑（2012）、孙金山（2015）、易福金等（2022）、崔巍和蔡晓琳（2023）等对我国区域经济发展的研究都在不同程度上证实了信任、规范、网络等社会资本要素通过促进信息分享、增强信任等机制对区域经济发展产生积极作用。另外，Bastelaer（2000）、Sapienze & Zingales（2004）、童馨乐（2011）、范香梅（2012）、张玉喜和赵丽丽（2015）、杨灵晰（2018）、吕洋等（2021）等学者的研究表明，基于政治关系、邻里关系、银行关系等类型的社会资本对个人的投资、信贷行为产生重要影响，能够有效促进地区的金融发展。

最后，在企业社会资本研究方面，目前主流研究结论认为社会资本有利于企业获取稀缺资源，能够显著促进企业绩效的提升（买生等，2020；林志帆和龙小宇，2021；李钟石等，2021）。这些观点认为企业社会资本的影响机制可以归纳为以下三个方面。一是社会资本是一种有效的公司治理机制，如张维迎等（2002）认为以信任为主要内容的社会资本能够有效促进交易的进行，特别是当法律制度不完善时，这类社会资本在非正式契约中产生重要作用，在公司治理方面发挥着积极作用。二是社会资本对企业融资行为产生重要影响，Impavido（2002）指出，社会资本的“社会惩罚机制”在企业融资过程中可以起到抵押品的作用，能够帮助企业获得更多贷款；我国学者游家兴（2011）通过对我国民营上市公司的研究发现，社会资本与企业的权益资本成本负相关，社会资本有利于降低企业的权益资本的融资成本。三是社会资本有利于企业的技术创新，这一命题也已得到诸如 Greve & Salaff（2001）、刘国兴（2009）、马富萍（2011）、褚杉尔等（2019）、董坤坤和王琦（2021）、潘子成和易志高（2022）、张增田等（2022）等多位学者的大样本数据的实证检验。

当然，社会资本并不总是只发挥正向作用。Coleman（1990）认为，社会资本在为某种行动提供便利时，可能无法对其他行动提供便利，甚至可能成为其他行动的阻碍。Portes（1996）也认为，社会资本也可能造成团体内部成员产生“搭便车”行为，从而泯灭其创造性。Borudieu（1996）在分析社会网络中的委托代理问题时也指出，团体社会中代理人负责使用和配置团体的社会资本，代理人机制中隐含了代理人对团体社会资本盗用或错误占用的可能，也就是说社会资本在某些时候也可能表现出消极的方面（刘牧苑，2016）。但是遗憾的是，学者们过多地关注了社会资本的积极方面，对其消极方面的研究较少，特别是在研究社会资本与公司治理方面的相关文献中对社会资本的不利方面没有得到应有的重视。

2.2.5 本书对社会资本的界定

由上述文献综述可知，社会资本是一个广泛而灵活的概念，研究范围也比较大，要对其进行一个准确的界定，必须从研究问题、研究目的、研究背景出发，明晰社会资本的分析角度，才能进行一个较为准确的界定。本书的主要研究内容为社会资本与家族企业控股股东代理问题，主要是强调社会资本的功能性。因此，本书主要借鉴能力观的思想，将企业社会资本界定为：企业中的行为主体通过社会网络、信任、规范等机制协调企业行为，获取所需资源或某种收益的一种能力。

另外，综合 Burt（1992）和 Gabby（1998）的观点，本书认为企业社会资本存在于企业所处的内外部网络中，包括企业构建的，也包括企业内个体成员构建的网络，即企业社会资本具有双重主体性质。根据网络构建主体的不同，本书将企业社会资本进一步分为企业组织社会资本与个体社会资本两个层次。其中企业组织层面的社会资本以企业的关系网络范围作为研究内容，将其称为企业特征的社会资本；个体层面的社会资本主要以企业实际控制人和高层管理人员的关系网络范围为研究内容，将其称为个体特征的社会资本。

2.3 关于社会资本与家族企业的研究

Tagiuri & Davis（1996）认为，家族企业与一般企业的主要区别在于家族社会关系在企业契约中的嵌入，这种嵌入性的社会关系及其所形成的规则对家族企业的性质产生重要影响。Habbershon & Willians（1999）将家族嵌入对企业资源和能力影响定义为家族性。家族企业这种“家族性”社会要素嵌入到企业中，使得家族企业具备特有的异质性，也使得从社会资本理论视角研究家族企业的相关问题具备了相应理论基础。目前，从社会资本理论视角研究家族企业的相关问题的还处于理论研究阶段，主要成果仅限于对一些现象和概念的解释（李健和陈传明，2023）。通过文献梳理，我们发现相关的研究文献大都集中在社会资本与家族企业成长方面，也有少量文献从社会资本理论视角研究家族企业治理问题，主要集中于家族企业的关系治理方面。

2.3.1 社会资本与家族企业成长

尽管学界对企业社会资本概念的定义没有达成统一意见，但是大部分研究都认为“信任”是社会资本是核心要素之一，而家族企业作为一个以亲缘关系为基础的组织，“亲缘信任”成为家族企业社会资本的重要内涵和表现形式（王奇与吴秋明，2020）。因此，从社会资本理论视角研究家族企业成长问题的研究起点是家族信任，认为家族信任对家族企业的成长产生重要影响。

Weber（1920）认为以亲缘信任为基础的家族制度或家庭关系是资本主义在中国发展的重要阻碍因素，他认为资本主义的新教伦理所建立的普适性信任是比家族信任更具优势的社会因素。与 Weber 持同样观点的还有 Fukuyama（1995），他认为高强度的社会信任，有利于大规模的经济组织的建立，像中国社会这种以亲缘关系为基础的信任，难以超越家庭范围，属于低强度的社会信任，不利于大规模经济组织的建立，是中国家族企业难以发展壮大的重要原因（孙秀峰等，2019；袁仕海等，2022）。然而，随着亚洲“四小龙”经济的腾飞，学者们开始重新审视东亚的这种“家文化”对经济的影响。储小平（2004）构建了信任与家族企业成长模型，他将华人社会的信任概况为家族信任、泛家族信任和制度化信任三种形式，认为信任的拓展遵循家族信任－泛家族信任－制度化信任的过程。在家族企业不同的发展阶段，这三个层次的信任各自发挥不同作用（杨玉秀，2018）。创立初期家族信任占主导作用；成长期泛家族信任提供主要支持；最后，随着家族企业的发展，信任模式逐渐由泛家族信任向制度化信任转变，家族企业逐渐发展成为公众公司（吴炯，2015；刘小元等，2017）。从上述观点可以看出，家族信任与家族企业成长之间是一个辩证关系，创业期家族信任作为重要的社会资本，有利于家族企业人力资本和金融资本聚合，有利于家族企业成长；但是当企业不断发展壮大，需要更多资源时，基于血缘、亲缘关系的有限范围内的家族信任又会阻碍企业的发展，因此，如何突破家族信任的局限，构建制度化信任是家族企业成长过程中面临的重要课题（杨玉秀，2014；杨玉秀，2021）。

随后，储小平教授（2006）还专门从社会资本视角系统性的研究家族企业的成长问题，他认为家族企业成长的关键是如何合理、有效地融合社会资本。他将社会资本分类成为社会金融资本、社会人力资本、社会网络资本以及社会文化资本四种类型，[①] 家族企业在融合这四种类型资本过程中家族信任、家族制度以及家文化产生重要作用。家族企业创立及发展初期，金融资本以家族资本为主，人力资本也是以家族成员为主，社会网络以及社会文化资本也基本局限在家族范围内；随着家族企业的成长，家族企业才会突破家族范围，逐渐融合更大范围内的社会资本（郭斌，2013）。

既然家族企业成长的核心关键在于如何有效地融合社会资本，钟锦文（2005）认为必须建立一种能够帮助家族企业融合社会资本的治理机制。苏晓红（2004）则认为如何将社会资本从家族企业内部拓展到外部是家族企业成长的关键，他认为可以通过信任制度的建设促进企业社会资本的积累，

① 储小平教授这里进行分类的社会金融资本、社会人力资本、社会网络资本以及社会文化资本中的“社会”概念是相对于“家族”而言的概念。而本书中的社会资本中的“社会”概念是相对于人力资本、物质资本的概念。但是，储小平教授所指的社会网络资本以及社会文化资本属于本书中的社会资本概念范畴。

帮助家族企业发展壮大。赵明达（2006）利用储小平教授的研究框架对浙江温州地区的家族企业进行实证分析，得出结论：家族社会资本有效地促进了该地区家族企业的发展，同时也是制约企业规模难以发展壮大的瓶颈。郑海航（2008）认为家族企业成长依赖于企业的社会网络资本，而且这种社会网络资本是以血缘和亲缘关系为基础的，并逐渐拓展到同学、朋友、战友、同乡等社会网络。吴炯（2010）认为家族企业具有高效融合和使用家族社会资本的制度优势，家族社会资本对家族企业的影响分为内部效应和外部效应两方面，并提出三种家族企业治理模式：泛家族治理模式、差序家族化治理模式和网络家族治理模式。张治军（2011）研究家族企业的成长问题时，认为家族企业社会资本来源于家族关系网络和市场关系网络。家族企业在发展过程中不断利用这两种社会资本拓展市场网络和节约交易费用，家族企业的成长过程就是家族关系网络与市场关系网络所形成的两种社会资本不断融合并相互发挥作用的过程（李新杰，2014；卢长宝和苏小青，2019）。

2.3.2 社会资本与家族企业关系治理

家族企业“家族”的社会属性以及“企业”的经济属性，使得家族企业的契约性质具有正式契约与非正式契约复合性（李思飞和裘泱，2018）。基于这一特殊性质，Mustakallio、Autio & Zahra（2002）在其发表的学术论文《家族企业的关系治理与契约治理：战略决策的影响因素》一文中指出，家族企业治理包括正式的契约治理和非正式的关系治理，其中关系治理主要是指家族制度和家族规模对家族内的社会交往产生影响，进而影响企业价值愿景，并最终影响企业的行为选择过程。由此可见，家族企业的关系治理与家族企业的社会资本要素密不可分。因此，当社会资本概念被引入到家族企业研究中后，社会资本与家族企业关系治理方面的研究顺理成章地成为重要的研究内容之一（张润宇等，2017）。

彭正银（2003）将关系治理定义为正式或非正式的组织和个体通过经济合约的连接和社会关系的嵌入所进行的一种关系安排，而且这种关系安排是以企业制度安排为核心的。李维安（2003）认为，关系治理是企业保证关系网络有序运行的基础，是对组织成员的行为起制约与调节作用的非正式的行为规范和运行规则的综合。胡军（2002）认为，华人家族企业区别于其他国家家族企业或其他类型企业的主要特征是以中华文化底蕴为背景，具有浓重的儒家文化特征。这一特征决定了华人家族企业的关系治理规则（李向才，2013；赵晶和孟维烜，2016）。Poppo & Zenger（2002）认为，社会关系和文化对企业的企业关系产生重要影响，是企业内部治理的关键要素。Levin（2003）指出，在企业的内部治理中，以社会关系网络为基础的非正式的关系契约有利于企业授权的灵活性。李新春、陈灿（2005）总结认为，家族企业的关系契约治理由结构规定和关系规定两种类型的因素构成。Colomb & Merzoni（2006）指出，长期关系性契约能够提高契约双方之间的信任度，是一种重要的治理机制。贺小刚（2009）认为家族权威对家族企业绩效产生重要影响，在家族企业管理过程中，近亲关系对企业的发展具有一定的阻碍作用。陈倩倩和尹义华（2014）的研究表明，社会资本作为一种有效的治理机制，有利于家族企业绩效提升。杨玉秀（2021）指出家族企业中的基于家族权威的关系治理对其成长带来一定负面影响。

由此可见，家族企业的关系治理与社会关系、网络、规范等内容密切相关，与社会资本相关的构成内容具有一定的重合性（郭毅等，2013）。家族企业的关系治理是以企业主、管理者以及其他家族成员间存在的“家族关系”为依据的，是建立在特殊信任基础之上的一种治理安排。周鸿勇（2007）指出，家族企业的关系治理之所以能够成为一种合适的治理机制，主要原因在于关系治理所根源的家族关系中蕴含了丰富的社会资本。Mustakalli（2002）认为这种源于家族关系的社会资本是嵌入在企业所有者与管理者的社会交往关系中，企业的关系治理是家族企业控股股东对企业社会资本的合理使用，是促使其成为家族企业控股股东的重要手段。因此，他认为关系治理是企业动用社会资本的一种手段。范烨（2009）认为，社会资本作为一种治理模式决定了家族企业的委托代理安排，其中家族经理人员应该突破人格化信任，职业经理人员应该采取泛家族化管理。谢宏（2011）研究指出，由于家族社会关系因素的嵌入，家族企业的关系治理呈现出独有的特点，家族企业的社会关系网络和信任水平直接影响企业委托代理问题的解决。李枫（2013）研究认为，社会资本对家族企业产生重要影响，特别是在处理业主与家族高管之间的委托代理关系中，根植于中国人情关系中的家族伦理、家族观念对家族企业的公司治理产生重要影响。

2.4 文献评述

通过对上述文献整理，并借助期刊论文数据库的文献检索，我们发现关于控股股东代理问题、企业社会资本相关的研究文献比较丰富。然而，针对本书的研究对象“社会资本与家族企业控股股东代理问题 ”的相关研究比较零散，缺乏全面系统的研究。尽管相关研究已经承认家族企业控股股东代理问题存在并且相当严重的不争事实，控股股东的“社会资本控制”的概念也已被提出，但是缺乏深入的理论分析和解释，更是缺乏相应的实证支持。目前的相关研究还存在以下四个方面的不足。

第一，在控股股东代理问题研究方面，目前大部分研究都是基于股权控制为基础的研究。自 LLSV 提出利用股权控制链追踪最终控制人的概念后，大部分研究都是基于股权控制来研究控股股东代理问题的，研究的主要焦点集中于股权结构特征与控股股东代理行为表现及代理成本之间的关系。而且，大都是基于股权控制链分析范式的实证检验，理论研究相对较少。理论研究的缺乏，使得相关研究难以突破现有研究范式。尽管高闯教授等人提出了“社会资本控制链”的概念，但是他们研究的焦点集中于控股股东的控制机理方面，主要是从组织惯例的角度解释所有上市公司的终极股东社会资本控制问题，未对上市家族企业控股股东代理问题进行专门研究。而上市家族企业作为上市公司中的特殊类型之一，其社会资本类型及代理问题的复杂程度、表现形式等都与其他类型上市公司具有很大的区别。因此，家族企业代理问题的研究需要更具针对性、专门的、深入的研究。

第二，现有文献对企业社会资本的研究主要关注社会资本的积极方面，对社会资本消极方面考虑较少。传统委托代理理论的分析认为，企业社会资本在降低企业内部的信息不对称、节约交易成本、降低监督成本、提高企业决策效率等方面发挥积极作用，能够显著降低企业的代理成本，提高企业价值，对企业发展具有积极的促进作用。但是，社会资本这一概念不管是作为企业的一种资源还是一种能力，都是一个中性的概念，同时存在积极和消极两个方面的作用。Portes（1998）就提出了“消极社会资本”的概念，他认为社会资本存在的消极因素主要在于以下几个方面：第一是社会资本形成过程中社会网络的内部信任具有封闭性和排他性；第二是在社会资本发挥作用的过程中网络内部成员的行动也会受到团体范围的限制；第三是社会资本具有负向外部性，如卖淫集团、黑手党家族等就是例证。具体到企业研究中，Fukuyama（2002）的研究认为，诸如中国社会这种基于“血亲关系”的社会资本，可能导致强势的家族主义，难以创建大规模的企业组织，企业成长会受到规模的限制，社会资本在这一过程中可能发挥负面作用。因此，需要辩证地看待社会资本对企业的影响，既要关注其有利的方面也要关注其不利方面。

第三，已有文献对企业社会资本的测量不科学。现阶段对企业社会资本的大都是采用问卷调查方法，测量问题的设置和回答都具有一定的主观性，测量结果之间差异很大。本书以公开的资料和财务数据作为研究数据，采用客观赋权重的方法对家族企业的社会资本控制进行测量，具有一定的可操作性和实用性。

第四，目前关于社会资本与控股股东代理问题的实证研究，主要为案例研究或小样本研究。尽管高闯教授等人对控股股东的社会资本控制机理进行了分析，但是大都是基于案例研究得出的结论，具有一定的特殊性。社会资本控制的存在性只得到一个包含 60 个样本公司的小样本数据的检验，社会资本控制与控股股东代理问题之间的实证关系也没有得到进一步的实证检验。本书拟以中国上市家族企业为研究样本，通过构建上市家族企业的社会资本指数，采用大样本数据对社会资本与控股股东代理问题之间的关系进行实证检验，进一步为相应的理论研究提供经验证据。

2.5 本章小结

根据论文的研究内容、研究对象和研究视角，本章从控股股东代理问题研究、企业社会资本理论以及社会资本理论视角的家族企业研究三个方面进行文献综述。首先，从代理理论、管家理论、资产专用性理论以及社会资本理论四个理论视角对控股股东代理问题研究的相关文献进行回顾，并在此基础上构建本书的概念模型，确定本书的主要研究内容。其次，从社会资本的概念、类型、功效等方面来理解社会资本理论，并通过归纳演绎的方法对本书所研究的社会资本的概念进行了界定，确定了本书的研究视角。然后，从社会资本与家族企业成长、社会资本与家族企业关系治理两个方面对社会资本理论视角的家族企业研究文献进行综述，明确研究对象和研究视角之间的契合点。最后，对现有文献进行述评，指出现有研究的不足，并确定本书的研究特色和切入点。

第3章　家族企业社会资本的基本问题

本章在分析家族企业特征的基础上尝试界定家族企业社会资本的概念，并对家族企业社会资本的构成层次、形成条件、形成机制以及主要特征等内容进行分析，为控股股东社会资本分析奠定理论基础。

3.1 家族企业社会资本的概念及构成

3.1.1 家族企业社会资本概念

由于其特有的"家文化"和家族规则，家族企业成为企业社会资本研究中的一个特殊研究对象。家族企业中独特的血缘、亲缘纽带形成了一个密不可分的社会关系网络，为社会资本的生产提供了有利条件（杨玉秀，2020；Wu Bao，2021）。Sanders & Nee（1996）在分析社会资本来源时，认为家族共同的目标、相互责任以及家族成员之间的紧密联系是家族的重要资本，是家族企业社会资本的重要来源。James（1999）也指出，家族成员之间先天存在的、含蓄的社会关系是一种强烈而持久的社会关系，是以一种以家族信任为核心的隐性资源。这种社会关系可以通过促进家族成员之间的联系而创造企业价值，是家族企业社会资本的重要表现形式（杨玉秀，2018）。由此可见，家族企业的社会资本与"家族"这个概念紧密相关。但是，对家族企业社会资本概念界定，不能简单地将社会资本的概念套在家族企业上，必须在深入分析家族与企业之间特殊性质以及深刻理解社会资本概念的基础上进行。

根据本书对家族企业以及社会资本概念的理解，本书将家族企业社会资本定义为：企业通过家族嵌入企业所形成的社会网络、以家族血缘、亲缘关系为基础的信任及其所形成社会规范等机制协调企业行为，获取所需资源或某种收益的能力，企业或企业中的个体可以通过投资和利用这种资本为自己创造更多的价值和回报。同物质资本、人力资本一样，社会资本作为家族企业的一种生产资本能够促进合作，节约交易成本，降低契约实施成本。家族企业这种以家族网络、家族信任、家族规范为核心的社会资本是家族企业区别于其他类型企业的重要标志，深刻影响着家族企业的成长及其治理问题。

3.1.2 家族企业社会资本构成

企业社会资本表现为一个多层次的有机系统，家族企业的社会资本在构成上主要表现为“双层”结构（王海兵和贺妮馨，2018），包括以下两个层次四种类型。第一层为组织层面的社会资本，包括企业内部社会资本、企业外部社会资本；第二层为个体层面的社会资本，是指以企业家为典型代表的企业内个体成员所拥有的社会资本，分为企业家社会资本和其他个体成员社会资本。如表3.1所示。

组织层面的社会资本的行为主体是企业，其中家族企业内部社会资本主要是指家族企业内家族成员、非家族成员之间关系以及其他与企业相关的关系网络所形成的获取资源或收益的能力，比一般企业社会资本更具特色，主要表现家族制度、家族信任（泛家族信任）以及共同价值在企业中渗透所形成的社会资本，这一类型社会资本涉及的关系网络包括家族企业内部所有的利益相关者。家族企业的外部社会资本主要是指与企业基于外部联系与互动所形成的社会资本，如与供应商、客户等形成的市场性的社会资本以及与政府机构等相关部门形成的政治关联等权力性社会资本等。

个体层面的社会资本包括企业家个体社会资本和其他个体成员社会资本。企业家社会资本是家族企业社会资本的重要来源，在一定程度上决定了企业能否创业成功。一般而言，企业家既是家族企业的实际控制人，也是家族中的家长权威，同时也可能是企业的主要管理者，其个人社会资本主要表现为自身的特异性知识、商业关系网络以及企业家精神等方面，如家族权威、知识文化水平、政治参与、创业精神等都是企业家社会资本的构成内容。其他个体成员的社会资本是指企业内部其他个体成员因工作关系而形成的社会资本，这类型社会资本主要通过影响公司具体运作业务来影响企业发展，其中高管成员的社会资本也是家族企业社会资本的重要来源。

表3.1 家族企业社会资本的构成

表现层次	具体形式	行为主体	网络范围	基本内容
组织层面	家族企业内部社会资本	企业	企业内部成员之间的社会关系网络	基于家族嵌入企业所形成的家族制度、(泛)家族信任与共享价值等
	家族企业外部社会资本	企业	与企业关联的所有外部关系网络	企业的外部社会联系，如政治关联、商业网络、与其他企业间的信任、宗族认知等
个体层面	企业家社会资本	个体	企业家个人为中心，差序格局式的关系网络	家长权威、特异性知识、个人的商业关系网络、企业家声誉、社会地位等
	其他个体成员社会资本	个体	个体成员间因工作关系而形成的社会关系网络	学历知识构成、同事关系、声誉、社会地位等

资料来源：作者整理。

需要明确的是家族企业个体层面的社会资本是家族企业组织层面社会资本的重要来源，但不是简单加总，而是通过个体成员之间的相互协作、有机整合而成，这些与组织结构、外界环境等因素密切相关。而且，个体层面的社会资本都可以通过动态演化最终转化为企业层面的社会资本，有利于企业获得一定的竞争优势（Arregle，2007）。也就是说家族企业的社会资本具有跨层次的特点，个体层次的社会资本可能通过突显、聚合和转化成为组织层面的社会资本，同时，组织层面的社会资本有可能通过组织文化、结构、气氛等组织因素对个体社会资本产生重要影响。正如赵晶等（2014）所指出的那样，个体社会资本与组织社会资本之间存在一定的契合，组织社会资本的倍增效应会增强个体社会资本，进一步影响个体社会资本的数量和稳定性，促进组织社会资本的积累。

3.2 家族企业社会资本的形成

3.2.1 社会资本的形成条件

关于企业社会资本的形成，尽管理论界没有达成共识，但是通过文献整理，我们发现现有研究基本都不否认企业社会资本来源于社会关系网络。围绕着社会关系网络这一中心概念，学者们从不同的角度对企业社会资本的形成提出了不同的观点。Leana & Buren（1999）认为企业社会资本由嵌入企业中的非正式关系网络及其所形成的相互信任、善意等要素形成。Putnam（2000）认为企业社会资本由包含在企业关系网络中的信任、承诺、规范和结构等要素形成。Baker（2000）认为，企业社会资本的构成要素包括信息、商业契机、构思、金融资本、权利与影响。Anirudh Krishna（2002）认为企业社会资本由结构型要素和社会型要素组成，其中结构型要素包括通过规则、程序等建立的社会关系网络和社会地位，以及促进信息分享、集体行动和政策制定相关制度；社会型要素包括共享的规范、信任、态度和信仰。Adler & Kwon（2002）认为社会资本由网络连带、规范、信任、社会信念、规则等要素形成，这一观点获得了较高的认同。Liu（2009）则认为企业社会资本的形成包括信任、共同行动以及透明度三大要素。

综合上述学者的观点，本书认为企业社会资本的形成主要与网络、信任和规范三种要素密切相关，这三种要素是企业社会资本的主要来源或者说是形成条件。其中网络是社会资本最明显、最直接的度量坐标，是社会资本形成的基础和存在形式；信任是社会资本最本质、最核心的内容，是社会资本的重要衡量标准；规范主要是作为促进信任形成共同语言、价值观念的工具。

网络是指基于特定关系而存在的相互联系，这种关系可以是经济性的市场关系也可以是非经济性的社会利益关系。家族企业的网络主要包括以“家族”为主要范围的网络和以“企业”为主要范围的网络。以家族为主要范围的网络是以家族血缘、亲缘和地缘为联接要素，主要表现为非经济性的社会利益关系网络，如家族内的父母关系、夫妻关系等。以“企业”为主要范围的网络是以企业的经营关系为网络联接要素，主要表现为经济契约型网络，如企业与供应商、客户、债权人、员工、政府等利益相关者之间的关系。这两个范围的网络，相互交叉并相互渗透（如图 3.1）。图中 1 指非家族身份的企业人员，2 是非企业身份的家族成员，3 代表参与企业管理的家族成员，主要指家族参与。家族企业的这种双重网络关系，有利于家族企业内部的信息交流和信息传递，使得内部沟通更加便捷和顺畅，进而形成社会资本。

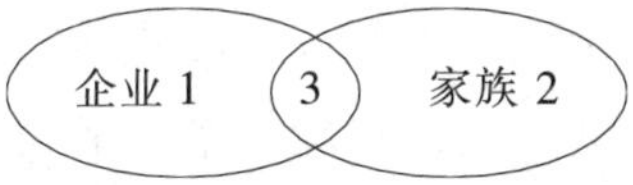

图 3.1　家族企业的家族网络和企业网络关系图

信任是一种预期的意念和由此表现出来的行为倾向或实际行动，这种意念是指交易双方相互信赖彼此的预期（Hosmer，1995；Hardin，2001），是基于交易双方的长期而稳定的合作形成的，是企业社会资本的核心要素。根据形成路径的不同，信任可以分为基于特殊人际关系的特殊信任和基于普遍社会信用的普遍信任。基于人际关系的特殊信任是家族企业社会资本的主要来源，主要指源于血缘关系的、先天性的信任，也包括基于家族成员之间重复交往后天形成的信任（费孝通，1999）。家族信任的主要特点是家族内部成员之间的信任高于与其他家族外部成员之间的信任，是以家族信任和泛家族信任为主的特殊信任。这一类型的信任资源所形成的社会资本，主要表现为利他主义、任人唯亲等（赵晶，2016）。家族企业基于社会信用的普遍信任是企业与外部利益相关者之间达成交易的基础，也是家族企业社会资本的来源之一，特别是对发展壮大中的家族企业而言，普适性的社会信任能够有效拓展企业发展所需资源的来源，形成更大范围内的社会资本（杨玉秀，2016）。

规范是指人们为了各自的利益关系而设计的约束机制，主要包括基于正式契约形成的制度性规范和基于道德习惯形成的非制度性规范（郭斌，2013）。基于正式契约形成的制度性规范主要包括法律制度、合同、协议等；基于道德习惯形成的非制度规范主要包括社会道德规范、行为准则和伦理习惯等。在家族企业中，规范主要通过家族愿景的分享、家族利益与其他利益相关者之间的利益趋同以及与之相关的交易双方的利益互惠等来构建社会网络关系，促进信任关系的形成，最终产生社会资本。其中家族愿景的分享是家族企业社会资本的特有属性，对家族企业的成长产生重要影响（Uhlaner et al.，2015）。

最后，需要强调的是网络、信任和规范是家族企业中每一种类型社会资本形成条件，缺一不可，相互影响，并最终形成相应的社会资本。如家族企业内部社会资本主要依赖于企业内部成员之间的信任，家族信任、泛家族信任是该类型社会资本形成的关键，家族关系网络是产生家族社会资本的社会基础，而社会伦理道德、家族制度等规范可以促进家族企业内部成员之间产生信任，也会对社会资本形成产生重要影响，是家族企业内部社会资本形成条件之一。

3.2.2 社会资本的形成机制

通过上述分析可知，网络、信任和规范是企业社会资本形成的三个条件（或称要素），其中网络是企业社会资本形成的基础，社会资本的形成与社会网络密切相关。研究企业社会资本的形成机制实际上就是研究企业参与社会网络的动因，也就是回答企业为什么要参与社会网络的问题。Coleman（1990）认为企业之所以参与社会网络的主要原因在于社会网络可以减少交易的不确定性，并提高交易双方的合作效率。LLSV（1997）分析企业社会资本时认为，社会资本可以增加相互之间的合作倾向，并通过社会资本形成信任和合作，摆脱相互猜疑的“囚徒困境”，从而产生效率最大化。Collins（2003）也认同参企业与社会网络的目的是为了达成有效的合作，相互之间的合作倾向和意愿是企业社会资本形成的动因。吴超鹏（2009）在总结前人研究结论时，认为企业参与社会资本主要源于以下两个方面的原因：一是社会资本可以促进相互之间的信任与合作；二是社会资本可以通过信任与合作防范、减少管理层的道德风险和机会主义行为。

由此可见，企业参与社会网络最终目的在于形成有效的合作，即合作是社会资本形成的最终结果（梅笑和吕鹏，2019）。但是，并不是参与社会网络就会形成合作，社会网络只是形成合作的必要条件。当人们因为参与特定的社会网络形成某种特定的社会关系之后，相互之间产生信任，并形成共同的行为规范之后，才能达成有效的合作。同时，有效的合作又能够进一步拓展企业的社会网络联结，加强企业参与社会网络的强度，进一步加强彼此的信任，形成互惠性的社会规范，进而促成有效合作持续或者产生新的有效合作，如此循环形成社会资本（孙秀峰等，2019）。如图 3.2 所示，具体到家族企业而言，基于天然的血缘、亲缘关系网络形成家族信任以及基于乡缘、学缘、业缘关系网络形成泛家族信任是家族企业内部信任的基础，并由此形成一系列的互惠性规范，如任人唯亲、利他主义以及差序格局的用人制度等契约形式，进而形成一定的有效合作方式，最终产生家族企业社会资本。

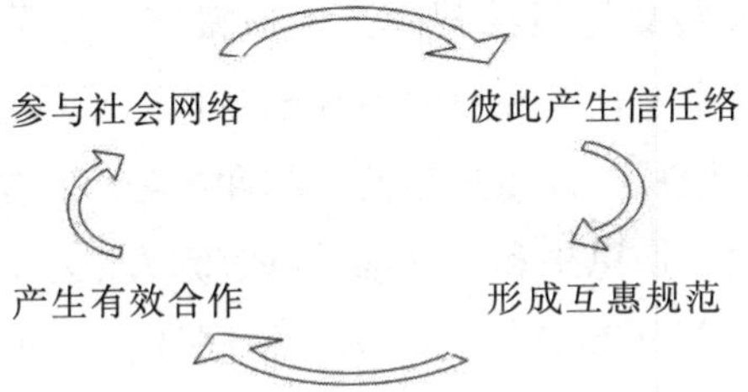

图 3.2　家族企业社会资本的形成机制

3.3 家族企业社会资本的特征

从社会资本概念界定可以看出，社会资本即具有资本的共同属性，如生产性、增值性等，又具有其独特的性质，包括无形性、不可转让性、专用性、以社会关系网络的形式存在等。[①] 具体到家族企业而言，由于“家族性”的嵌入，家族企业社会资本也具有其特殊的性质：一是双重网络性；二是双重物品属性；三是双重外部性。

① 参考宇红《企业社会资本理论研究》，东北财经大学博士学位论文.

3.3.1 双重网络性

家族企业具有“家族”和“企业”双重属性，也就是说家族企业即具有家族的要素和特征又具有企业的要素和特征，因此，家族企业社会资本的形成也具有双重网络属性：一是以家族特征及其网络范围形成的社会资本；二是以企业特征及其网络形成的社会资本。

家族企业的家族属性主要是从社会学角度来考察家族企业的特征，主要包括家族认同、利他主义、差序格局等特征。（1）家族认同。中国传统社会受儒家文化的影响，具有浓重的“家族本位”思想，家族文化对人们的思想观念和行为选择产生重要影响。岳庆平（1994）指出，中国历史上以儒家思想为核心的家族文化根深蒂固，这种家族文化是在家族活动中形成的，以家族认同为基本特征，注重家族和谐与代际传承，强调家族内个体成员对家族整体利益的服从，注重家族的名望和声誉。在这种家族文化的影响下，家族个体成员的一切思想和行动都是以家庭为中心，具有很高的家族认同感、归属感。梁淑湨（2003）也认为，中国社会的基本特征是组织结构是以家族为细胞单元，中国家族企业始于家庭单位，家族管理的思维和方法对家族企业的管理产生重要影响，对家族的高度认同感成为家族企业成功的关键性要素。（2）利他主义。家族企业中的这种高度的家族认同嵌入到企业中，就会表现出家族成员在处理企业事务以及对外联系过程中的利他主义（刘星等，2021）。在家族企业中利他主义表现为以下两个方面：一是家族内部成员的利他主义，主要表现为父母对子女的利他主义；二是家族与企业之间的利他主义，主要表现为家族企业在进行利益行为选择时需要同时兼顾家族利益和企业利益，而不是仅从企业的经济理性出发，以企业利益最大化为目标（张雷等，2021）。（3）差序格局。差序格局是家族企业信任范围的主要特点。费孝通（1995）通过对中国乡村经济的调查发现，中国的社会关系呈现同心圆波纹性质的差序格局。这种格局是以家族中的权威个体为中心，以血缘、亲缘、地缘等社会关系网络为纽带，形成一定范围内的高度信任，由强到弱，逐次扩散至整个社会关系网络。李新春（2002）也认为，中国社会的信任结构具有“弱社会、强私人”的特征，社会普遍信任程度较低，但是私人（熟人）之间的信任较高，其中私人信任呈现内外有别的差序格局。因此，家族特征的社会资本主要表现为差序格局式的家族信任、泛家族信任、家族权威与家族愿景等特征。

家族企业的企业属性体现在企业的自由竞争、利己主义以及契约关系等方面（刘浩然，2012）。首先，家族企业作为企业的一种组织形式，跟其他企业类型一样要参与市场竞争，家族企业不再是家族身份参与社会活动，而是以企业的身份参与到市场的自由竞争中。其次，企业的经济属性决定了家族企业具有一定的利己主义，在市场上表现为以企业利益最大化作为经营目标。最后，家族企业同样具有企业的契约性质，只是家族企业的这种契约性质受到家族性因素的影响，表现为正式契约和非正式的关系契约两种类型，其中关系契约与家族企业社会资本密切相关，是企业社会资本的主要来源之一（吴炯，2013）。

3.3.2 双重物品性

Putnam（1993）在总结和分析 Coleman 社会资本研究成果时，指出“社会资本并非是任何人都能从中获益者的私人财产，而是个体在网络社会结构中的特性，具有公共物品属性”。随后，弗兰·汤克斯（2000）对社会资本的“公共物品”属性提出了质疑，他认为社会资本在一定条件下可以表现为特定团体或特定网络成员的资产，具有排他性，更接近准公共物品属性。① 学者们对社会资本属性界定存在差异的原因在于未将社会资本的类型进行区分。通过分析我们发现，对于家族企业而言，组织层面的社会资本具有准公共物品属性，个体层面的社会资本具有私人物品属性。

Coleman（1998）在界定社会资本时，强调社会资本依赖的社会网络的“闭合性”，对企业社会资本的形成至关重要，只有在封闭性的关系网络中，成员之间通过持续性的交往才能产生相互信任。家族企业组织层面的社会资

① 经济学理论中对物品属性的划分是以排他性和竞争性为衡量标准。根据这一划分标准，具有排他性、非竞争性定义为准公共物品属性或俱乐部物品属性，具有排他性和竞争性被定义为私人物品属性。

本就是以“家族”和“企业”范围内的社会网络为载体而存在的（杨玉秀，2016）。在家族企业内部，基于家族关系而形成的家族制度、信任和共享价值，主要是以家族内部成员身份识别为主要依据，相对于家族外部成员而言，这些制度、信任和共享价值都具有一定的封闭性和排他性，不能为其所用。同时，社会资本作为一种互惠型的无形资产，具有可再生性，不会因过度使用而发生损耗，只要家族企业组织成员之间存在持续的交往，家族企业组织层面的社会资本会因为得到不断利用而增加，可以通过家族企业内组织成员之间的社会关系积累、网络规则的形成、信息传递等累计价值（葛永盛和张鹏程，2013）。由此可见，家族企业组织层面的社会资本一方面依赖家族企业内部成员之间的网络关系而存在，对外部成员具有排他性，另一方面，这种社会资本又不会因为内部个体的使用而对组织内其他成员构成竞争，具有非竞争性，符合准公共物品的属性的界定标准，具有准公共物品属性。

家族企业个体层面的社会资本尽管存在于社会关系网络中，却是作为个人资产而表现出来的。个体层面的社会资本主要来源于以下两个方面：第一，特定的社会关系网络继承而来，如血缘关系、家庭身份等先天性因素；第二，经过个人的社会活动而获得，如家族企业家的个人社会资本诸如企业家精神、个人知识特性等都是企业家在后天的社会活动中获得的。这种个体层面的社会资本属于企业家个人的独占资源，只能供企业家个人动用，不能转让给其他人使用，具有明显的私人物品属性（严若森和叶云龙，2014）。也就是说，一方面，这种个体层面社会资本的形成依赖于社会关系网络，但是最终以个体资本的形式存在；另一方面，企业家社会资本与人力资本、金融资本一样，在所有权维度存在天然的排他性，具有私人物品属性（石伟军，2017）。

3.3.3 双重外部性

家族企业社会资本的外部性源于其专用性（孙毅，2013）。从 Coleman（1993）对企业社会资本的“封闭性”描述便可知，企业社会资本这种“封闭性”使得义务、期望和规范等社会资本形式成为了专用性资产，具有不可转让性，只能为特定的主体所拥有或对某些特定的目的发挥作用（旷开源，2014）。家族企业社会资本的这种专用性使得家族企业社会资本的适用范围有限，进而产生资本的外部性。家族企业社会资本具有正负两个方向的外部性（吉志辉和王伟杰，2014）。一方面企业社会资本作为解决集体行动的重要资源，有利于社会结构内的所有成员的集体行动，具有正外部性；另一方面企业社会资本在为企业内部成员提供行动便利、带来利益的同时，也限制了企业外部成员获取相应资源的机会，具有负外部性。为了进一步解释社会资本的外部性，Fukuyama（1995）借鉴信任范围这一概念来理解社会资本的外部性。他认为，群体之间的信任范围是社会资本发挥作用的有效边界，只有在群体信任范围内合作才是有效的，当社会资本的信任范围大于群体本身时，社会资本具有正外部性，当时社会资本的信任范围小于群体本身时，社会资本产生负外部性。

根据上述理论，家族企业社会资本的外部性根源于家族企业社会资本范围与群体范围的不一致。家族企业的群体范围为与企业业务相关的全体成员，则这个群体范围与专用性家族社会资本范围的不同交叠会形成不同的外部效应。当家族社会资本范围大于群体范围时，源于家族关系网络的家族规则等社会资本有利于降低成员之间的交往，家族企业社会资本发挥正向外部效应，这种外部性主要表现在家族企业规模较小的初创期，控制性家族能够较好地协调家族内部成员关系，筹措发展所需资金和资源，家族社会资本有利于家族企业发展壮大。当家族社会资本范围小于群体范围时，家族社会资本的有限性将会限制企业发展，家族社会资本产生负外部效应，在家族企业的发展壮大过程中不能有效地融合其发展所需的人力资本和金融资本等，家族社会资本成为企业发展壮大的瓶颈。

3.4 本章小结

本章在理解我国家族企业特征的基础上，对家族企业社会资本的概念、形成、特征等基本问题进行了分析。本书将家族企业社会资本理解为企业通过家族嵌入企业所形成的社会网络、以家族血缘、亲缘关系为基础的信任及其所形成社会规范等机制协调企业行为，获取所需资源或某种收益的能力，企业或企业中的个体可以通过投资和利用这种资本为自己创造更多的价值和回报。家族企业的社会资本分为个体层面和组织层面两个层次，其中个体层面的社会资本具有私人物品属性，组织层面的社会资本具有准公共物品属性。由于“家族性”的嵌入，家族企业社会资本具有双重网络性，既具有家族特征又具有企业特征。家族企业社会资本的形成依赖于网络、信任和规范三个要素（条件），这三个要素共同促使合作的形成，相互循环并最终形成和累积社会资本。

第4章　家族企业控股股东的社会资本分析

本章将控股股东社会资本定位为家族企业社会资本中的一种特定类型，对其主要内容、典型特征、控股股东构建和动用社会资本的缘由、控股股东构建社会资本的途径以及控股股东利用社会资本过程中的外部性等问题展开讨论。

4.1 控股股东社会资本的主要内容与典型特征

4.1.1 控股股东社会资本的主要内容

控股股东的社会资本是指企业的实际控制人所拥有的社会资本，是其作为控股股东所能动用的社会资本。根据社会资本理论，社会资本最直接、最基础的度量指标是网络联结，社会关系网络联结是研究控股股东社会资本的逻辑起点。家族企业的控股股东作为一个特殊的网络节点，存在于家族企业各个层面的网络结构中，因此，其可动用的社会资本也相当丰富，涉及到家族企业社会资本的每一个层面。首先，家族企业的控股股东作为控制性家族的一员或部分，毫无疑问能够有效地利用家族成员所拥有的社会资本；其次，当家族成员担任公司董事长或总经理时，控股股东的社会资本又会因这种工作关系形成企业家社会资本；最后，家族控股股东为了获取更多外部资源也会动用企业层面的社会资本，如因企业网络而建立的政治关系、商业关系等。

借鉴庄玉梅（2014）、赵晶等（2014）的观点，本书也从跨层次的视角来界定控股股东的社会资本，认为控股股东的社会资本既包括个人层面的社会资本又包括组织层面的社会资本。组织层面的社会资本主要是指控股股东以股东身份参与企业网络所形成的社会资本，根据其参与企业网络范围的不同，又可以进一步分为企业内部社会资本与企业外部社会资本。企业内部社会资本是指控股股东与企业内部人员之间的关系、信任等，控股股东对企业内部社会资本的利用主要表现为控股股东通过社会资本控制股东大会、董事会以及经营管理层三个方面，其家族性也主要体现在企业内部社会资本方面。企业外部社会资本主要表现通过与银行、其他企业、供应商、销售商以及与政府、社会之间的社会关系获取相应资源的能力。如图 4.1 所示。

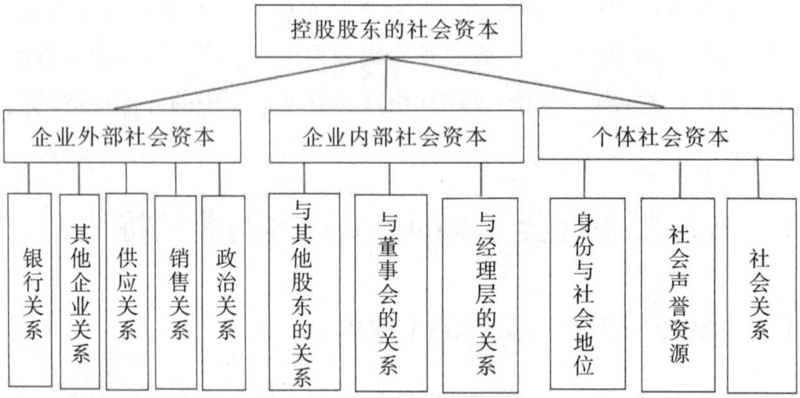

图 4.1　家族企业控股股东的社会资本内容

4.1.2 控股股东社会资本的典型特征

社会资本是一个具有社会结构特征的概念，会受到其所处的社会背景和文化传统的影响，不同的历史文化背景下，社会资本可能会表现出不同的内涵和特征，具有一定的情境依赖性。鉴于本书的研究对象为中国家族企业，此处对控股股东社会资本特点的分析也主要是基于中国情境下的分析，在其构成要素方面主要呈现出以下个方面特征。

（1）网络连带呈“差序格局”的发散式结构

因受“家族本位”的思想的影响，家族企业控股股东的社会关系网络一般会以家族亲缘关系为依据，由近及远地发散，形成内外有别的“差序格局”。罗家德，叶勇助（2007）根据 Granovetter（1973）提出的强连带和弱连带的关系描绘了中国社会的个人自我中心网络图①。如图 4.2 所示，家人连带和熟人连带为强连带，双方交往的基础为天生的血缘或多次交往而形成的情感连带，形成的网络关系主要包括家人、同学、同事和同乡；而仅限于认识的生人属于弱连带，双方交易的基础一般只能依靠互惠性的契约，主要表现为商业关系等，以行业惯例、商业合同作为合作的规范。罗珉（2011）在研究中国社会网络组织特征时指出，中国社会网络组织的典型特征是网络封闭性，是一种以“家文化”“人伦关系”为基础的高凝聚力网络，地缘、姻缘以及宗亲成为中国商业活动组织的基础，这种网络的封闭性是中国社会网络扩张的基础。

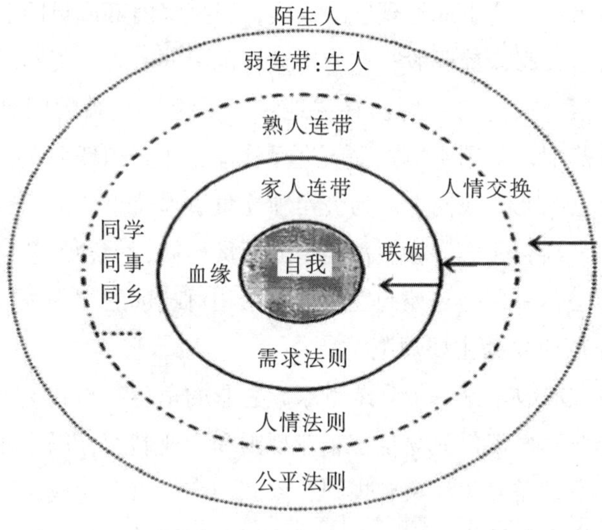

图 4.2　个人自我中心网络图

在这样的文化背景下，个人通常是以自身所处的封闭网络为基础，通过探寻封闭网络中的强联结，并以此寻找跨越网络边界的其他合作关系，从而

① 罗家德，叶勇助，中国人的信任游戏［M］. 2007 年 2 月第一版.

获得封闭网络和结构洞所带来的双重社会资本。在这种社会情境中，初级社会关系主要是儒家的“五伦”思想[①]为基础，以“家”为基本依托单位，并逐渐拓展至次级社会关系中，形成“四海之内皆兄弟”的“拟家族化”的社会关系网络，并最终形成“差序格局”的网络特征。

（2）以家族信任和泛家族信任为主要内容

家族企业控股股东所嵌入的社会网络关系特征决定了家族企业控股股东的信任模式，即强连带关系的高度信任和弱连带关系的低信任。家族企业的这种信任模式使得家族企业在用人制度方面表现为内外有别、亲疏有序的差序格局。这种差序格局主要以家族企业中的创业家长或家族首脑为核心，根据家族成员的忠诚度、能力、特别是亲疏关系为依据来安排管理岗位，企业的关键管理岗位和核心人员基本上或大部分都来自家庭，如委派家庭成员担任上市公司的董事、监事或经理层。其次，当家庭内部成员的资源不能满足企业发展所需时，家族控股股东在使用家族范围外的人力资本时，倾向于采取泛家族化手段，通过将一些具有“地缘、乡缘”关系的同事、朋友、战友等纳入家族范围，采用亲情式手段进行管理，让其担任公司次等重要的岗位，如聘用自己的朋友或同学成为公司独立董事、监事或部门经理等。这种信任模式导致家族企业内形成两种类型的职员群体，一种是与控制性家族亲密的核心领导层，一种是与控制性家族关系相对疏远的“熟人”执行层。

（3）以家族愿景为主要规范

家族企业控股股东这一带有浓重家族色彩的角色参与到上市公司的管理中后，家族企业不再仅仅只立足于企业规则和企业制度，以企业的发展愿景为目标，更多地是需要关注家族规则、家族制度，以企业成长和家族成就的协调和均衡作为发展目标。家族企业控股股东依据其所拥有的社会资本，一般都会直接或间接参与到企业的经营管理，对企业重大决策产生重要影响，使得企业的经营目标偏向于控股股东家族利益最大化。最终的结果为家族企业的社会资本在认知维度主要表现为家族愿景，企业本身愿景的作用被弱化，家族制度、家族愿景成为约束家族企业行为决策的主要规范。

---

① 儒家“五伦”思想：父子有亲、君臣有义、夫妇有别、长幼有序，朋友有信。

4.2 控股股东构建和动用社会资本的缘由

Lin nan（1999）从社会资源观的角度出发，认为个体社会资本具有促进信息交流、加强控制、增强信任以及强化认可四个方面的作用。关鑫（2010）认为企业社会资本的作用主要体现在以下几个方面：第一，增强企业内部的互信程度，强化对企业的控制；第二，节约企业的内生性交易费用；第三，节约企业的外生性交易费用；第四，促进知识和信息交流，便于企业间的整体协同。综合上述两位学者的观点，我们认为家族企业控股股东构建并利用社会资本主要是基于以下四个方面的原因。

4.2.1 企业经济行为具有“社会嵌入性”

Mark Granovetter（1985）在其《经济行为和社会结构：嵌入性问题》一文中指出，经济行为是嵌入在其所处的社会结构中的，这种社会结构的核心内容便是人们的社会关系网络，即社会关系网络对经济行为产生重要影响。也就是说，“经济活动是嵌入在社会结构中的”，以文化、习俗为代表的社会网络规制以及公司内部的信任体系对参与主体的行为约束和道德倾向产生重要影响，在具有不确定性的公司经营环境中，以社会资本为主要内容的社会关系网络契约成为协调、主导经济关系的重要工具。在我国的转轨制经济背景下，市场配置资源的机制不完备，政府在资源配置中尤其是稀缺资源配置中远不止充当“守夜人”的角色，更多表现出“越权”行为。而家族企业的控制人在创业和企业经营过程中，必须找到这种弥补经济关系与行政权力关系之间的协调机制，而体现为社会关系网络的社会资本恰好就成为家族企业应对这种资源配置制度缺陷的工具，社会资本作为一种“非正式制度”成为资源配置的第三种手段。正如罗家德（2012）所指出的那样，中国社会是一个关系本位的社会，通过社会关系获取资源在中国具有悠久的历史，是中国文化传统中的一部分，非正式的社会关系和社会制度在中国社会的资源配置中发挥了重要作用。也正是由于在中国社会存在这种以“社会关系、信任和网络结构”为主要内容的替代机制，使得中国社会在弱法律保护的情况下也能够表现出强劲的经济增长，这种关系网络和声誉机制是中国经济增长的真正动因。由此可见，基于“社会结构嵌入性”的社会资本在资源配置中发挥了重要作用，对企业经济行为产生重要影响。

相对于国有企业而言，作为民营经济主体的家族企业在基于正式制度的资源配置方式中处于弱势地位，要想获得企业发展所需资源只能通过社会关系网络等非正式制度途径来获得，社会关系网络成为家族企业重要的资源获取渠道。一方面，家族企业通过将政府行政部门人员纳入到自己的社会关系网络，以获得“保护”或者是某些稀缺性的资源；另一方面又将市场领域中的商业关系培育成社会资本，以应对信任、交易秩序缺乏等市场体系不规范可能带来的损失。控制性家族在创立家族企业的过程中必须重视和利用社会资网络资源，构建和利用社会资本才能够更有效获取所需资源，帮助企业发展壮大。

4.2.2 有助于控股股东获得治理权威

控股股东对上市公司的控制除了股权持有方面之外，更多地表现为间接的影响力，控股股东只能间接对公司的经营决策产生影响。股权是控股股东获得控制权的基础，但并不是获取控制权的唯一途径，控股股东除了利用法律（股权）对上市公司实施控制外，还会通过利用个人魅力、社会地位以及家族关系等社会网络来实现对上市公司的控制。社会资本作同企业家人力资本一样，是公司治理权威的来源之一，能够帮助企业家获得治理权威，进入企业治理权力中心。

一方面，基于家族关系网络的强连带和家族权威可以帮助控股股东增强和稳固对上市公司的控制权。在家族企业中，家族成员在长期进行多方面的相互交换，具有监督和约束委托代理人的优势。家族关系嵌入后，企业的授权体系也会在家族网络中展开，按照家族网络的强弱进行权力配置。控股股东的家族权威是建立在家族与生俱来的血亲关系之上的，通过长期的“长尊幼卑”等家族伦理形成的，具有很好的稳定性和绝对服从性。另一方面，社会资本作为一种治理机制，有利于解决所有权与控制权分离的公司理问题。公司治理的正式制度安排存在信息不对称和信任缺失时，为了减少和节约对上市公司监管成本，控股股东会通过各种非正式的制度安排来减少经营管理层的机会主义行为和道德风险。社会资本能够帮助控股股东与其他股东、董事与经理层建立良好的信任关系，强化其对上市公司的实际控制能力，防范职业经理人的机会主义行为。

4.2.3 有助于控股股东获得行动便利

Fukuyama、Coleman 等学者在提出社会资本这一概念时，就指出社会资本是行为主体双方交易活动中所形成的信任机制、意识形式、非正式规范以及社会结构，这种信任机制、意识和规范能够有效增加社会网络结构中成员的信息、知识交流，便于控股股东实现与其他内部成员之间的利益协同，获得行动便利。关鑫（2010）指出，社会资本促进信息交流与知识外溢的功能取决于社会网络连带的强度和数量，强连带能够有效增加交易双方的互动频次，相互之间的感情和亲密程度，互惠互换交易增多，交易双方的利益逐渐趋同，相互之间也就更容易达成意见一致，决策效率和行动效率也就更高。

一方面，控股股东可以利用与其他股东、董事以及经理层之间的社会关系，与之进行广泛的信息交流，特别是随着共事时间的增加，相互之间信息交流更为充分，相互之间的利益逐渐趋同，促使利益同盟的建立，实现行动步调的一致性，控股股东与高管人员之间的合谋便是最好的例证（何小杨，2011）。特别是在构建“政商关系”网络时，以家族信任以及泛家族信任为基础的利益协同能够有效防止寻租信息的泄露，降低寻租成本，便于控制性家族实现整体利益协同，从而实现控制性家族的利益最大化。另一方面，利益同盟的建立会形成一定的“圈子”，相互之间频繁的交往促使相互之间形成较为稳定的互信关系。若内部成员之间有因私利而违规，就会在网络内部出现维护集团利益的制裁权威对“肇事者”实施惩罚，这种私人制裁能更好地约束“圈子”内的机会主义行为，便于控股股东排除行动的障碍，获得行动便利。

4.2.4 有助于控股股东节约交易成本

根据前文的分析，家族企业参与社会网络累积社会资本的动机在于能够促进有效合作，降低交易费用，节约契约实施成本。首先，通过社会资本强化对上市公司的控制权，控股股东只需较少的股权资本就可以获得对上市公司的控制，有利于控股股东节约投资成本，社会资本可以通过信任机制、信息传递机制以及机会主义防范机制来帮助控股股东节约治理成本；最后，丰富的社会资本还可以帮助控股股东节约获取控制权私利的成本。

一方面，控股股东通过委任具有“血缘、亲缘”关系的名义股东、董事和管理人员掌控对企业稳定、持久的资源配置控制能力，他们之间高度信任能够大大降低协调成本，提高沟通效率，使得控股股东只需付出较少的成本就可以身居幕后，操控“傀儡”，获取控制权私利。另一方面，家族企业控股股东之所以能够创业成功除了与其所拥有的特有的家族社会资本密切相关之外，还与其政府关系密不可分。一般而言，控制性家族或多或少都与当地政府监管部门关系密切，与政府部门之间存在一定的政治关联。家族控股股东之所以耗费时间精力与政府部门建立良好的关系，除了政治关联能够帮企业获取相应的资源、进入政府管制行业之外，还能够帮助控股股东在转移上市公司资源、实施利益侵占行为过程中规避政府部门的监管和免遭处罚或较少地承担法律责任。相关研究表明，我国上市公司存在利用与政府之间的关系干预、阻扰或拖延监管部门调查取证的可能，越是存在政治关系的上市公司中这种现象越有可能发生。政治关系弱化了执法效率，政府部门对政治关联公司的违规查处存在严重的滞后现象，对具有政治关联关系高管的违规惩罚也相对较小（许年行，2013）。即社会资本可以帮助控股股东逃避或减少因利益侵占带来的惩罚，降低利益侵占成本。

4.3 控股股东构建社会资本的途径

讨论控股股东构建社会资本途径也就是讨论控股股东社会资本的来源问题。关于社会资本的来源，西方学者或者认为社会资本来源于行动者嵌入在社会网络中的网络结构形态、共享的信任状态、规范等，或者认为社会资本来源于共同认知、相似吸引等互动关系中。与西方国家社会资本的形成不同，中国式的人际关系和交往方式对社会资本产生重要影响，一个人所拥有的社会网络关系的多寡、强弱决定了其所拥有社会资本的丰富程度。这种社会网络关系既受先天关系的影响，也是后续关系运作的结果。因此，借鉴相关学者的研究成果，本书将控股股东构建社会资本的途径分为两种类型，一种是基于亲缘、学缘和业缘的先赋性社会关系；一种是需要后续培育的获致性社会关系。

4.3.1 先赋性的社会关系

先赋性的社会关系是先于个体选择而存在的社会关系，如家人、亲属等，此外，很多地缘、业缘关系中也蕴含了既定、先定成分，也属于先赋性的社会关系。林其錟曾将中国传统社会的先赋性关系称为“缘”，并首先提出了“五缘”的概念，认为中国社会的先赋性关系包括亲缘、地缘、神缘、业缘和物缘共五种形式。林其錟所指的这些先赋性关系是针对传统的“乡土中国”而言的，就本书所研究的控股股东社会资本来说，先赋性社会资本的获取途径主要包括三种类型：亲缘、学缘和业缘。

亲缘关系主要是指家庭及其扩展开来的关系网络。亲缘关系之所以能够成为控股股东获取社会资本的途径之一，主要是由于中国社会的文化的内在结构所决定的“人情法则”在中国社会普遍存在。在中国社会，人情法则要求对“自家人”予以照顾，对越是亲密或关系越是特殊的人就越有帮助的义务。一方面，控制性家族的家族权威在创业过程中其他家族成员都有义务帮忙，如提供资金支持、提供较为低廉的劳动力或其他资源帮助等；另一方面，家族企业在创业成功后，家族权威又有义务帮助其他家族成员，如赠与股权、提供较好的工作岗位等。这种亲缘关系网络生成的社会资本能够为控股股东提供低成本的社会资本存量，也是控股股东寻求网络外其他社会资本的重要基础。

学缘关系主要是指师生之情、同学之缘。在中国社会，学缘关系是个人接触到的第二类主要社会关系，在个人成长或创业过程中扮演着重要角色。学友或同学可以是不同血缘、不同地缘的一群人，学缘关系可以使相互之间超越国家、信仰、血缘、专业等形成共同语言。徐晓望指出，在中国社会，“同门”“同学”“师生”甚至是“校友”关系都具有天然的人际关系纽带的作用。形形色色的校友会不仅是同学之间联系感情的纽带，更是个人寻求发展的重要资源。这也是为什么近年来MBA教育如此盛行的重要原因之一。

业缘关系主要是指因工作内容相同或相似而聚合起来的社会关系。传统的业缘关系主要是指行业协会或商业协会。就本书对控股股东社会资本来源的分析而言，业缘关系是控股股东和生前工作经历中所发展出来的与前同事、各行业从业者之间的人际关系，如行业专家关系、行业主管单位官员关系、管理专家关系等。这些关系是指控股股东在创业之前或成为上市公司控股股东之前就已经形成的，无意识构建的社会关系网络，具有“自致性”，也是一种先赋性的社会关系。但是，控制性股东创业成功后也会由于现有的工作内容而有意识地去参加行业协会、商业协会，与行业主管单位构建社会关系，这种社会关系具有“后致性”，属于获致性的社会关系。

4.3.2 获致性的社会关系

获致性关系是指控股股东通过后天努力，有意识去营造、构建的社会网络关系（唐文军，2009）。在这种社会关系构建过程中，个人的意愿、价值取向、需求等因素起到重要作用，个人有意识地选择交往对象、有选择地投入感情，社会关系的构建是可以选择的，具一定的契约性质。获致性社会关系构建过程实质上就是控股股东将“外人”交往成为熟人、朋友以至于“自己人”的过程。如控制性家族在企业发展壮大后，需要具有专业知识的职业经理人时，首先会通过薪酬契约将其引入企业，然后会通过相互之间的频繁交往、信任关系的建立逐渐将其变为“自己人”，对其实施泛家族化管理（杨玉秀，2010）。

一般而言，获致性社会关系的建立主要有三个过程，一是关系认同；二是拉关系；三是关系扩展。文崇一指出，中国人对关系距离看的很重，亲疏远近是认知的基本原则。也就是说，在中国社会的普遍信任程度比较低，人们不是说想和谁交往就和谁交往，如果交往双方能够达成一种共同认识就能够很快建立起社会关系。拉关系是指个人基于“人情法则”将有利于自己行动便利的对象套系进与自己有关的角色关系中。首先与本来没有关系的人建立关系、然后通过进一步的拜访、送礼、请客等方式来“拉”上关系。关系扩展是指在关系认同和拉关系的基础上不断扩大已有的关系网络，将其渗透到更为广泛的领域，进而成为丰富的社会资本拥有者。如控制性家族成员在创业成功后，同政府部门建立社会关系，成为政协委员、人大代表或者通过MBA等继续教育的方式扩展学缘关系等都是控股股东建立获致性社会关系的途径。

4.4 控股股东利用社会资本的外部性问题

4.4.1 外部性的形成原因

企业社会资本的外部性源于其专用性。企业社会资本的专用性体现为家族企业社会资本的不可替代性和不可转让性（孙毅，2013）。从Coleman（1993）对企业社会资本的“封闭性”描述便可知，企业社会资本这种“封闭性”使得义务、期望和规范等社会资本形式成为了专用性资产，具有不可转让性。企业社会资本的专用性使得企业社会资本的适用范围有限，从而产生外部性（李范婷和蒋长流，2021）。企业社会资本具有正负两个方向的外部性，一方面企业社会资本作为解决集体行动的重要资源，有利于社会结构内的所有成员的集体行动，具有正外部性；另一方面企业社会资本在为网络成员带来利益的同时，也限制了网络外成员获取资源的机会，具有负外部性（吴炯，2010）。

根据上述理论，社会资本的外部性根源于社会资本范围与群体范围的不一致。如果将控股股东社会资本的适用范围界定为控制性家族时，控股股东基于企业关系网络及其个人社会关系网络形成的社会资本范围会大于控制性家族范围；源于家族关系网络的家族规则、家族制度在企业中的渗透有利于控制性家族利益的实现，控股股东个体社会资本表现出正外部效应。如当控股股东控制上市公司后，其家族成员可以通过利用家族关系进入企业工作获得较高的薪酬水平和待遇。如果将社会资本的适用范围界定为家族企业时，企业网络范围内的利益相关者不再只是控制性家族成员，还包括控制性家族范围外的其他成员，如职业经理人、员工、债权人、其他中小股东等，则这种家族性社会资本的嵌入就可能损害家族社会资本范围外的其他利益相关者的利益。当家族社会资本范围大于家族企业范围时，源于家族关系网络的家族规则等社会资本有利于降低成员之间的交往，家族企业社会资本发挥正向外部效应，表现为家族企业规模较小的初创期，控制性家族能够较好地协调家族成员关系，筹措发展所需资金，家族社会资本有利于家族企业发展壮大。当家族社会资本范围小于家族企业范围时，家族社会资本的有限性将会限制企业的发展，家族社会资本可能产生负外部效应，主要表现在家族企业的发展壮大过程中不能有效地融合其发展所需的人力资本和金融资本等，家族社会资本成为企业发展壮大的瓶颈。

4.4.2 外部性的主要表现

具体而言，控股股东利用社会资本过程中的外部性主要体现在以下三个方面。第一，社会资本的利用需要付出额外的成本。尽管社会资本会给带来信息利益，但是同样需要付出高昂的成本。不管是作为一种资源还是一种能力，社会资本也是需要投入资本来获得和维持的。特别是在中国社会，“关系”是累积社会资本的基础，控股股东构建会关系网络的过程中不可避免地需要投入大量的时间成本、金钱成本以及身体健康成本等。正如李永强所指的那样，中国人在维系社会关系过程中的投入过多，社会资本的投资成本过高。很多时候构建这些社会资本的费用不一定能够给企业带来绩效，可能反而增加企业的负担。第二，控股股东利用社会资本控制上市公司可能形成对中小股东利益的侵占。尽管控股股东利用家族社会资本、泛家族性社会资本可以降低监督成本，节约企业的交易费用，但在家族性和泛家族性在企业的过度嵌入可能会导致外部人员难以进入企业，降低企业效率，造成外部人员的不公平性。而且，控股股东通过利用社会资本能够更容易与高管之间达成合谋，产生机会主义行为，侵占中小股东的利益。第三，控股股东利用社会资本获取资源时可能造成社会资源配置的扭曲。控股股东构建社会资本的最重要原因是利用社会资本获取所需的稀缺资源，其中最重要是形式便是与掌握“资源”的权力部门建立社会关系，如政治关联等。尽管这种社会资本的利用可能会给上市公司带来好处，如获得融资便利、税收优惠等，但是这种行为可能扭曲市场资源配置，造成社会资源配置的非效率。

4.5 本章小结

首先，本章基于家族企业社会资本分析的基本框架，将控股股东的社会资本分为企业外部社会资本、企业内部社会资本与控股股东个体社会资本三种类型，控股股东的社会资本在网络、信任以及规范三要素方面都具有其自身的特点。我们认为家族企业的控股股东构建和利用社会资本控制上市公司主要基于以下四个方面的原因：一是经济行为具有“社会嵌入性”，社会资本有利于家族企业获取所需资源；二是社会资本可以增强互信，强化控股股东对上市公司的控制；三是社会资本可以加强交流，便于控股股东获得行动便利；四是社会资本可以帮助控股股东规避监管，降低利益侵占成本。家族企业控股股东构建社会资本的途径包括先赋性的社会关系和获致性的社会关系。最后，本章从社会关系构建形式方面分析了控股股东构建社会资本途径以及控股股东利用社会资本的外部性问题。正是由于社会资本的外部性导致了控股股东在投资和利用社会资本的过程中形成了对网络外中小股东的利益侵占。

第 5 章　家族企业控股股东代理问题的形成机理

本章将基于委托代理理论的分析框架，结合家族企业委托代理关系特征，对家族企业控股股东代理问题的形成原因、主要表现及其经济后果等问题展开讨论。

5.1 控股股东代理问题的形成原因

5.1.1 家族企业内复杂的委托代理关系

与其他类型企业相比，家族企业内部成员的复杂性使得家族企业的委托代理关系更为复杂。Tagiurihe & Davis（1982）根据家族企业中的三种主要参与人构建了家族企业治理的三环模型，为帮助我们分析家族企业代理问题提供了一个很好的参考框架。如图 5.1 所示，图中三个圆环分别代表家族企业中的所有者、经营者和家族成员；1 表示纯粹的家庭成员，2 表示纯粹的所有者、3 表示纯粹的经营者，即职业经理人；1.2 表示家族所有者，1.3 表示家族经营者、2.3 表示外部所有－经营者；1.2.3 表示家族所有－经营者。

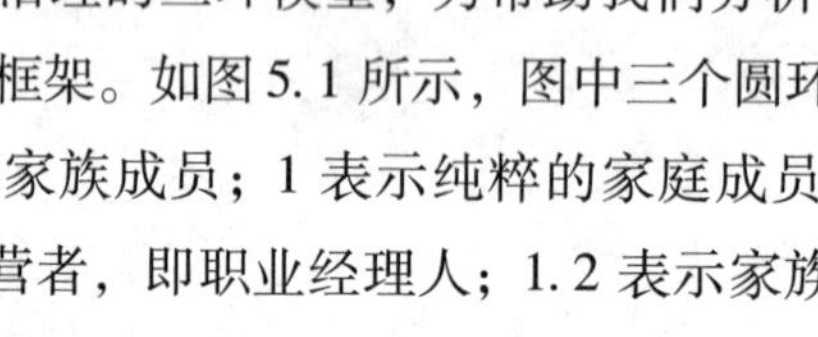

图 5.1　家族企业治理三环图

根据上述三环治理模型，家族企业主要存在以下七种类型的代理关系，如表5.1所示。这7种代理关系在家族企业中相互交错，可能同时存在，会因家族企业的股权结构以及管理模式的不同而不同。如表5.2所示，当家族拥有企业全部股权，并选择完全家族化管理时，企业主要存在家族所有者与家族经营者之间的代理关系，即类型A。当家族拥有企业的全部股权，并聘任职业经理人管理企业时，家族企业主要存在家族所有者与职业经理人之间的代理关系，即类型B。当家族拥有全部股权，并选择部分家族化管理时，企业主要存在所有者与管理者之间的代理关系，即类型A和B。当家族只拥有部分股权，并选择家族管理时，家族企业中存在控制性家族经营者与非家族所有者之间、控制性家族经营者与非家族经营者之间、非家族所有者与家族经营者之间共三种代理关系，即F、G、D三种类型。当家族只拥有部分股权，并聘任职业经理人时，家族企业存在家族所有者与非家族所有者之间、家族所有者与非家族经营者之间以及非家族所有者与非家族经营者之间共三种代理关系，即类型B、C、E三种。如果家族只拥有部分股权，并采取部分家族化管理模式，则这种企业的代理关系比较复杂，表1中的7种代理关系同时存在。

表5.1　家族企业内部委托代理关系类型

编号	委托代理关系类型	三环图中的角色
A	家族所有者与家族经营者之间的代理关系	1.2、1.2.3与1.2.3、1.3
B	家族所有者与非家族经营者之间的代理关系	1.2、1.2.3与3、2.3
C	家族所有者与非家族所有之间的代理关系	1.2、1.2.3与2、2.3
D	非家族所有者与家族经营者之间的代理关系	2、2.3与1.3、1.2.3
E	非家族所有者与非家族经营者之间的代理关系	2、2.3与3、2.3
F	家族所有经营者与非家族所有者之间的代理关系	1.2.3与2、2.3
G	家族所有经营者与非家族经营者之间的代理关系	1.2.3与3、2.3

资料来源：作者根据王明琳、周生春（2005）的观点整理。

表5.2　不同类型的家族企业中存在的主要代理关系

管理模式	家族拥有全部股权	家族拥有部分股权
完全家族化管理	A	F、G、D

续表

管理模式	家族拥有全部股权	家族拥有部分股权
完全职业化管理	B	B、C、E
部分家族化管理	A、B	A、B、C、D、E、F、G

资料来源：作者整理。

王明琳、周生春（2006）等在对家族企业问题代理问题系统梳理后，提出上市家族企业“双重三层”委托代理问题分析框架。他们认为上市家族企业存在双重委托代理问题，第一重代理问题为所有者（即业主）与管理者之间的委托代理问题，包括所有者与外部职业经理人、业主与家族经理人两种类型；第二重代理问题是指控制性家族股东与外部中小股东之间的代理问题。如图 5.2 所示，其中右半部分为第一重代理问题，左半部分为第二重代理问题。

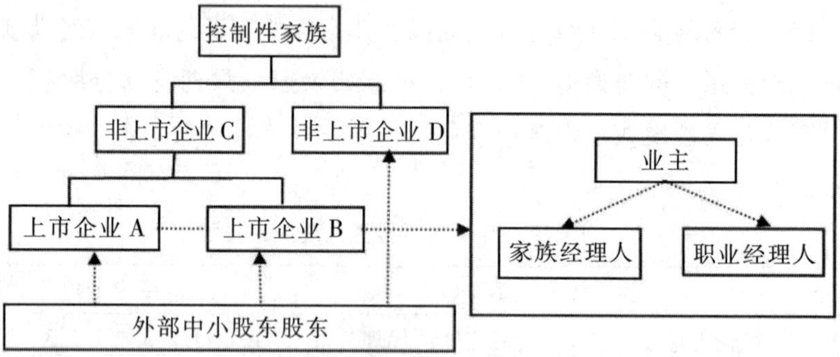

图 5.2　家族企业的双重三层委托代理分析框架

资料来源：王明琳，我国上市家族企业委托代理问题研究，浙江大学博士论文。

由上述分析可知，上市家族企业中家族持有部分股权、采取部分家族化管理，所包含的委托代理关系相当复杂。Shleifer & Vishny（1997）研究认为，家族企业中最主要的代理问题不是所有者与经营者之间的代理问题，而是控制性家族股东与其他中小股东之间的代理问题。Morck & Yeung（2004）也认为，控制性家族股东与中小股东之间的代理问题比职业经理人代理问题更为严重，因为在公众公司中职业经理人会受到资本市场的约束，股东诉讼、股东大会问责、收购接管等压力都会迫使职业经理人辞职。但是在股权相对集中的家族企业中，控制性家族拥有股东大会、董事会的决策权，能够在很大程度上左右经理人员的人事任免，资本市场与职业经理人市场的约束机制失效，中小股东无法驱逐背离其利益目标的控制性家族或经营者。另外，他还认为由于家族企业家精神、天赋等资本的不可转让性和不可继承性，控制性家族的继承人更愿意通过侵占外部小股东的利益来获取竞争优势，进一步加剧了控股股东代理问题。Johnson et al.（2002）认为，在金融危机期间，由于经济不景气，控制性家族遭受损失时，控制性家族倾向于通过侵占中小股东的权益来弥补家族利益损失。因此，控制性家族与中小股东之间的代理问题是最主要的代理问题，是家族企业中必须重点关注的治理对象。

5.1.2 多层级代理链条与控制权配置

所有权与经营权分离、所有权与控制权分离是现代企业制度的重要特征。特别是随着资本市场的发展，公司规模的发展壮大，企业内部管理分工进一步细化，控制权与所有权的分离程度进一步加大，企业的组织模型演变成为一系列的代理关系契约和制度安排，表现出多层次的代理链和控制权配置形式。对上市家族企业而言，这种多层次的代理链和控制权配置形式更为复杂，是控股股东代理问题产生的内在机制，如图5.3所示。整体而言，股东作为代理链条的最顶端，是家族企业代理链条的起点。由于上市公司人数众多，为了解决权利分配和重大战略决策过程中决策分散的问题，由全体股东成立股东大会，由股东大会代表全体股东意志，行使股东权利。经理层处于代理链条的最末端，成为最终代理人。董事会处于代理链条的中间环节，是中间代理人，也是上市公司的权力中心。从上市公司的治理实践来看，委托代理链至少蕴含着上述三层委托代理关系。但是，具体到上市家族企业而言，情况更为复杂。

首先，由于资本多数表决制度代表全体股东的股东大会只能够代表部分股东意志，即控制性家族的意志。在这一过程中蕴含了两种代理关系，一是控制性家族的其他成员基于“家族利益”考虑将投票表决权委托给家族权威（即控股股东）；二是中小股东由于“话语权有限”只能够“被动”将股东大会的决策权委托给控股股东。其次，为了解决公司决策权的配置问题，股东大会将总经理任命权、运营战略等重大问题的决策权委托给董事会，形成第二层面的委托代理关系。然后，为解决公司运营权配置问题，董事会将公司的具体事务运作等权力委托给经理层，经理层代理董事会负责组织实施股东大会、董事会的决议事项，并主持公司的经营管理工作，形成第三层的委托代理关系。最后，为了解决控制权制衡与监督问题，股东将对股东大会、董事会以及经理层的监督权委托给监事会，形成了第四层委托代理关系。

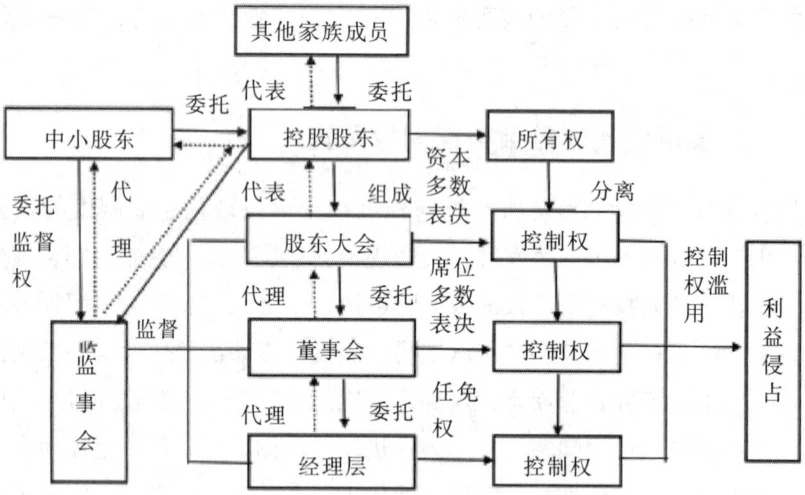

图 5.3　家族企业中多层级的代理链条和控制权配置

正是由于这种复杂的委托代理关系产生了一系列的代理问题。在具体实践中，要表现在以下三个方面。一是初始委托人的意志被弱化或违背，控股股东与中小股东的分化从客观上提供了控股股东通过操纵股东大会损人利己的可能，中小股东的意志被弱化，存在利益受损的风险。特别是随着委托代理链条的延伸，中小股东被架空的可能性逐渐增加。二是代理人的经济理性可能导致“逆向选择”和“道德风险”，由于每一层级的代理人都是具有经济理论的独立个人，其利益目标与初始代理人的利益目的不可能完全一致，加之信息不对称等原因，代理人极有可能会产生机会主义行为。三是存在长鞭效应。处于中间环节的控股股东和董事会即具有代理人又具有委托人的双重身份，在这种代理链条的延伸过程中，上一层级代理人违背和偏离初始委托人意志，会导致下一层次、或更下一层次对初始委托人意志的更大程度上的偏离和违背。四是代理链条的裂变与分化。随着委托代理链条的延伸，加之利益诉求不一致以及契约的不完备性，导致每一个环节的委托代理链都可能产生分化与裂变，形成多链条的交错，衍生出更为复杂的委托代理问题。

控股股东代理问题产生的前提在于控制权配置，控制权是控股股东实施利益侵占的权力基础。控股股东通过资本的多数表决权获得了对股东大会的控制权；并通过董事会的席位多数表决制度获得了对董事会的控制权，进而通过总经理的任免权获得了对经理层的控制权。经由这种复杂的委托代理关系链条以及控制权配置机制，控股股东也就获得了对上市公司的实际控制权，拥有了实施利益侵占的行为能力。

5.1.3 控股股东的“私利诉求”与中小股东的“理性冷漠”

按照信息经济学对委托代理问题的解释，信息不对称和利益冲突是产生代理问题的原因。在控股股东与中小股东之间的委托代理关系中，作为信息知情者的控制性家族成为代理人，其他中小股东成为委托人。现代企业制度的内在逻辑冲突使得控股股东利益与公司利益分化，产生了利益冲突，资本的本质和经济理性使得控股股东产生了强烈的“私利诉求”，而多数表决制度使得中小股东对投票权保持“理性冷漠”和“搭便车”的心理，进一步加剧利益冲突。在这种情形下，作为代理人的控股股东拥有绝对的控制权，也就拥有了实施利益侵占的行为能力，代理问题的产生也就拥有了一定的制度基础。

（1）现代企业制度的逻辑冲突与股东利益冲突

以有限责任公司和股份有限责任公司为代表的现代公司制明确指出，股东是公司的所有权人，行使所有权，并从公司中获得所有权收益；公司作为独立的法人组织拥有公司资产，股东以出资额为限对公司经营风险承担责任。可以看出，现代企业制度不仅仅建立了股东所有权制度，还确立了公司法人所有权制度和有限责任制度。现代企业制度的逻辑关系是假设股东所有权与公司法人所有权关系完全复合。股东所有权制度要求股东是公司的所有权人，公司是所有权对象。这一制度的逻辑关系为：股东拥有公司资产所有权，并拥有公司的控制权，具有充分的理由从公司的经营决策中获得最大利益，公司是股东的，公司的经营决策应遵循股东利益最大化原则，公司股东做主，股东与公司之间的权责利关系一致。公司法人所有权制度强调公司具有独立的法人地位，行使独立的法人所有权职能，与股东之间是相互独立的关系，各自承担有限责任。这一制度的逻辑关系为：公司作为法人拥有公司的财产，公司对其法人财产负责，股东拥有公司所有权形成“股东－股权－公司”的关系。这种公司法人所有权制使得股东所有权特殊化，股东对公司不能像其他资产一样拥有完整、清晰的使用权、控制权、处置权、收益权等全部权利，股东对公司的拥有转化为对公司股权的拥有。股东不能直接对公司行使所有权，只能通过股东大会、董事会等形式行使所有权。也就是说，公司法人所有权制度割裂了股东与公司之间完整的所有权关系，使得股东与公司成为两个完全独立的利益主体。由此可见，股东所有权制度强调股东与公司利益的一致性，而公司法人所有权制度又强调股东与公司利益之间的独立性，显然这种“一致性”与“独立性”并不是等同的概念，很多时候不能完全重合。

也就是说，股东所有权制度强调控股股东利益，公司法人所有权制度强调公司利益。公司治理的逻辑是要求这两种利益关系一致，但是在实践中这两者之间并不一致，这也就是为什么2008年黄光裕事件发生时国美电器并没有坍塌，体现了国美电器的独立性，表明控股股东与公司利益的不一致性。当控股股东与公司利益不一致时，由于控股股东拥有对公司的实际控制权，公司的运行只能遵循控股股东利益最大化原则，控股股东在进行公司投资、关联交易以及高管薪酬等决策活动时，只要能够使自己从中获得最大利润，即使公司利益受损也会在所不惜。而这时公司利益受损必然导致处于同一利益集团的中小股东利益受损。这一问题的本质在于股东所有权与公司法人所有权制度内在逻辑关系的冲突，将本应属于同一利益集团的股东分割成为两个不同利益的主体，引发了利益冲突，最终导致代理问题的产生。

（2）有限责任制为控股股东的“私利诉求”提供了空间

资本的逐利本质与控股股东的经济理性是控股股东追逐利益最大化的内在动力，而现代企业制度中的有限责任制度为控股股东追逐控制权私利提供了空间和可能。控股股东的自利行为导致利益侵占发生后，如果存在有效的问责机制使其承担对等的成本，控股股东代理问题或许也能得到有效控制。但是现代企业的有限责任制度规定，股东仅仅以其出资额为限承担相应的责任，只要股东的行为合乎公司治理的法规，就可以在一定程度上减责或免责。控股股东作为公司重大决策权、代理人选择权以及剩余索取权的拥有者，却只需以出资额为限承担有限责任。也就是说，控股股东掌握了公司的主要决策权，却不完全承担这种决策带来的经济后果，他们凭借对公司的控制权在合理合法的基础上谋取私利，却只需同中小股东一样承担公司的经营风险，其实际拥有的权利和承担的责任不一致。而这种权责利关系的不一致也是现代企业制度的制度安排结果，可以说有限责任制度为控股股东利益侵占行为提供了成本转移机制，将控股股东的自利行为成本分摊给到中小股东，为控股股东的“私利诉求”提供了空间和可能。

（3）公司决策机制导致中小股东的“理性冷漠”

相对于控股股东，中小股东处于权力的弱势地位，使得中小股东对公司治理结果只能进行消极的对抗和不作为，表现为对投票表决权的“理性冷漠”和“搭便车”。资本多数表决权制度使得中小股东在股东大会上的话语权有限，其个人意志往往被拥有多数表决权的控股股东意志掩盖，致使大量的中小股东放弃“用手投票”，往往采取“用脚投票”，对公司的投票表决权表现出冷漠。而且，在现有投票机制下，中小股东参与投票获得的收益难以弥补其所付出的成本，特别是由于信息不对称，中小股东要获得相应的决策信息需要付出较高的信息收集成本，参与投票有违经济理性。另外，现代企业制度下对代理人的监管成为“公共物品”，对代理人监督付出的为个人成本，而所获得的收益却为全体股权所有，中小股东基于经济理性存在“搭便车”的心理。小股东的这种消极对抗和不作为行为，降低了控股股东获得控制权的成本，滋长了控股股东对控制权的滥用，为控股股东谋取控制权私利提供了土壤和空间，进一步加剧了代理冲突。

5.2 控股股东代理问题的主要表现

现有研究在寻找控股股东实施利益侵占的证据方面主要采用两种方法，一种是间接证据法，通过对控股股东控制权私利、公司价值的度量来间接测量控股股东的利益侵占程度，主要应用于欧美等资本市场发达的国家；另一种是直接证据法通过对上市公司的具体行为如关联交易、贷款担保等活动的观察和分析来寻找控股股东损害上市公司价值、侵占中小股东利益的证据，主要应用于投资者保护较弱的新兴市场国家，如韩国、日本等。由于受特殊的转制经济的影响，我国资本市场上控股股东利益侵占方式更加多样化、更具隐蔽性。根据控股股东实施利益侵占方式对上市公司影响的不同，本书将控股股东的利益侵占行为分为基于公司日常运营领域、投资领域、利益分配以及股票市场 4 个方面，具体包括 8 种形式，如图 5.4 所示。

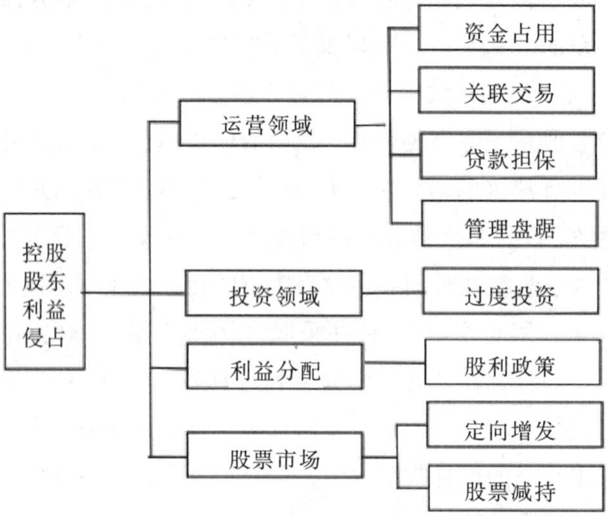

图 5.4　控股股东代理问题的主要表现：利益侵占方式分类

5.2.1 基于运营领域的利益侵占

在家族企业中，家族在各层次公司拥有的现金流权不尽相同。控制权与现金流权的偏离，特别是在社会资本控制下被进一步放大的偏离，为家族控制性股东提供了更强的“转移”激励，家族控股股东倾向于将企业的利润转移到拥有现金流权较大的企业中。在日常经营过程中，控股的利益侵占主要表现为资金占用、关联交易、贷款担保和管理盘踞四种形式。

（1）资金占用

控股股东占用上市公司资金是指上市公司通过各种手段无偿占用、长期拖欠上市公司款项的行为。控股股东占用资金会导致上市公司资金紧张、流动性不足，加剧上市公司的财务风险，是对上市公司资源的一种赤裸裸的掠夺行为。在我国资本市场上控股股东的资金占用行为非常普遍，2002—2004年我国有超过一半的上市公司存在控股股东占款现象，上市公司每年被占用的资金平均高达680亿元。从具体案例方面来看，如三九医药2001年披露控股股东及其关联方占用上市公司资金超过25亿元，占上市公司净资产的96%；澳柯玛2006年披露控股股东占款高达19.47亿元；东盛科技2007年披露控股股东及其关联方占用上市公司资金15.88亿元[①]。国内大量的实证研究证明，控股股东的资金占用行为严重影响了上市公司的盈利能力、经营绩效等，上市公司价值被严重侵害。控股股东对上市公司的资金占用主要体现在以下两个方面，一是体现在应收款项项目中，主要是指控股股东通过与上市公司的商品交易、货物供销、劳务提供等日常经营所形成资金占用，属于经营性资金占用；二是体现在其他应收账款项目中，主要是上市公司为大股东垫付工资福利、代偿债务以及其他在没有商品交易和劳务对价情况下提供给大股东及其附属企业使用的资金，属于非经营性资金占用，是控股股东对上市公司的一种较为严重的利益侵占行为。

---

① 数据引自：邓建平，曾勇，何佳．改制模式、资金占用与公司绩效［J］．中国工业经济，2007（1）：104－112.

（2）关联交易

关联交易是指具有密切经济联系或者具有其他关系的行为决策主体之间所进行的交易。关联交易之所以能够成为控股股东掠夺上市公司资产的手段，是因为关联交易中的定价在很多情况下都是由关联交易双方协商确定的，与正常市场条件下确定的市场价格不同，关联交易属于一种转移定价行为。控股股东通过关联交易中高价出售商品和劳务、资产给上市公司，低价买进上市公司商品、资产来转移上市公司资产，而且这种关联交易行为经常会导致严重的资金占用现象。如东盛科技的控股股东在2000—2006年通过商品采购、专利技术交易、资产并购等关联交易行为转移上市公司近10亿元，其中就涉及多起控股股东将资产高估后出售给上市公司的事件，并衍生出高达15.88亿元的控股股东资金占用。在我国资本市场上，关联交易规模巨大，据统计，2007年涉及关联交易的上市公司数为1976家，涉及金额为36352.84亿元，交易次数为10851次；2008年为1152家，涉及金额为8974.38亿元，交易次数为3441次；2011年为1230家，涉及金额为20735.22亿元，交易次数为4289次①。当然，关联交易并不总是控股股东的掏空行为，只有非公允的关联交易才是控股股东的利益侵占行为。另外，大量研究也证明，有时候反向的非公允的关联交易才是控股股东对上市公司的“支持行为”，特别是在并购重组过程中，控股股东为了保住壳资源，防止上市公司被“ST（特别处理）”，也会通过向上市公司注入优质资产来支持上市公司。但是这种“支持”行为在很多研究中都被认为是控股股东为争取在未来实施利益侵占的机会而为之，也属于控股股东利益侵占的行为过程。

（3）贷款担保

贷款担保是指公司以法人的名义，向他人的债务提供担保，在他人不能偿还到期债务时代为清偿的行为。贷款担保本来作为公司资金融通工具，主要是为了减少经济运行过程中的风险。但是，相互之间的贷款担保可能成为控股股东进行利益输送的手段。利用上市公司资产为控股股东的银行贷款进

① 数据根据新浪财报道整理（http：//finance. sina. comcn）

行担保，当控股股东无法清偿贷款时，上市公司就要承担相应的连带清偿责任，在很大程度上加剧了上市公司的财务风险。控股股东也存在为上市公司的贷款提供担保的情况，且这种情况下又会伴随控股股东资金占用，实际上就是控股股东利用上市公司资信获得银行贷款的行为，严重损害了上市公司利益。由于控股股东与上市公司存在经济关系，他们之间的贷款担保被界定为关联担保，会受到相关政策的监控和限制。因此，为了规避监管，控股股东也会要求上市公司为其他非关联方进行贷款担保，然后被担保对象为控股股东及其关联方实施贷款担保，通过这种间接的方式获得上市公司的贷款担保。如东盛科技的高达 9.6 亿元的违规对外担保中，仅有 5000 万元贷款担保属于与控股股东之间的关联担保，其他全部为控股股东利用其他非关联方实施的间接贷款担保，最终东盛科技为这些违规贷款担保付出了高达 6.95 亿元的代价，严重损害了上市公司价值和中小股东的利益。

（4）管理盘踞

管理盘踞是指控股股东为了方便从上市公司中获取控制权私人收益而对上市公司关键职位的把控。控股股东会亲自或者委派自己的家庭成员担任上市公司的关键职位，如董事长、总经理、财务总监等，尽管将家族成员安排在这些职位上的人力资源是非效率的，不符合上市公司利益最大化目标，家族控股股东为了自身利益考虑仍然会采取这种行为。特别是在控制性股东在构建社会网络关系时，为了笼络董事、经理层人员，控股股东就极有可能采取这种非效率的人事安排。这种管理盘踞行为使控股股东拥有上市公司更多的信息，掌握对上市公司的绝对控制权，使上市公司的经营管理决策成为实现控股股东利益最大化的工具。另外，在金字塔结构中家族控股股东拥有现金流权比较少，如给自己（或自己人）以高薪、奢侈的办公条件等损害企业价值的大部分都会分摊给外部股东，控股股东也就会更加肆无忌惮进行高额的在职消费或支付高额的薪酬，是一种自我服务现象。在高管股权激励过程中也会存在控制性家族利用管理盘踞的便利，在控制性家族内部实施自我股权激励。因此，管理盘踞现象也是控股股东进行利益侵占手段之一。如程敏英和魏明海（2013）指出，控股股东存在利用关系股东获得董事会权力超额配置的现象。辛金国和张梅（2019）、郑志刚等（2019）等人的研究也表明，大股东存在通过超额委派董事获取超额控制权的现象，且这种现象与公司的过度负债和代理问题显著相关。

5.2.2 基于投资领域的利益侵占

控股股东在投资领域实施的利益侵占主要表现为过度投资。过度投资问题一直被认为是管理层构建“商业帝国”所形成的投资过剩，是管理层与股东之间的代理问题。但是，当控股股东代理问题被提出后，也有学者认为公司投资决策很大程度上取决于控股股东的意志，是控股股东代理问题所导致的经济后果之一。

在上市家族企业中，控制性家族控制上市公司之后，为了发展壮大家族产业，很可能会利用控制权要求上市公司投资控制性家族产业发展相关的产品或配套的项目，以获得相应的成本优势。但是，实际中控制性家族与这些被投资项目之间形成关联交易后往往伴随着资金占用、非公允的价格等，这些项目并不能给上市公司带来预期的投资回报率，属于非效率投资行为（冉茂盛等，2010）。过度投资是一种与资产转移相对应的利益侵占方式，资产转移行为中上市公司的现金流流向是顺着金字塔结构自下而上，而在过度投资行为中上市公司的现金流流向是自上而下，同样都会形成对中小股东利益的侵占（郭胜和张道宏，2011）。在家族企业集团中，过度投资形成的主要原因在于企业集团的内部资本市场功能，内部企业相互之间的债务融资成本非常低，较低成本的融资可能会导致上市公司在投资回报率很低的项目上投资，产生投资过剩。这种形式的内部市场融资方式使得家族控股股东很容易就可以将融资成本分摊给上市公司的外部投资者。这种过度投资行为很有可能造成资金的浪费，并影响家族企业集团的发展。如程仲鸣（2010）就通过对我国上市公司的实证检验发现，我国民营上市公司的控股股东代理问题会显著地影响到上市公司的投资效率，造成投资效率的负效应。吕怀立和李婉丽（2015）研究表明，控股股东的合谋动机会带来非效率投资。朱春艳和张昕（2019）指出非效率投资与控股股东冲突具有显著相关性。

5.2.3 基于利益分配的利益侵占

股利政策的制定不仅需要考虑股东需求，还必须兼顾债权、职工等其他利益相关者的利益；并且需要同时兼顾公司现金流情况和公司的长远发展需要。但是存在在控股股东的上市公司中，股利政策在很大程度上仅仅满足了控股股东的需要。控股股东利用自身对上市公司的决策权优势，制定符合自身利益需求的股利政策。首先，当控股股东拥有上市公司的现金流较少时，控股股东偏向于不派发现金股利或者是少派发现金股利，这是因为高的现金股利会减少企业的自由现金流量，而上市公司自由现金流量的增加有利于家族控股股东通过资产转移等行为获得控制权私人收益。如2001—2010年，我国投资者获得的平均股息率仅为0.907%，远低于成熟股票市场2%的平均水平①，说明低股利政策是我国资本市场普遍形势。其次，当控股股东自身现金流较为丰富，没有较好的投资项目时，暂时不需要现金支出时，就倾向于要求上市公司不分红；相反，当控股股东存在现金流不足、急需资金时，就会要求上市公司派发现金股利，利用上市公司的股利政策实施自身的盈余管理。最后，在上市公司控股股东持有非流通股的情况下，控股股东放弃配股权，选择配股权后增加的现金股利支付来变现资金。有的上市公司甚至在进行高成本的股权融资后立即进行高额派现②，进入“股权融资、高额派现，再股权融资”的循环中，此种股权融资并不是由于上市公司的资金需求，而是控股股东利用股利政策实施利益输送的行为表现。如廖珂等（2018）、罗琦和伍敬桐（2016、2017）等的研究表明，控股股东代理问题比较严重的公司倾向于更低的股利政策。

5.2.4 基于股票市场的利益侵占

股权分置改革完成后，我国资本市场上控股股东的利益侵占现象并没有

① 作者根据Wind金融终端数据库统计整理。

② 如海润光伏（600401）在2011年12月实施资产重组，增发股份后，于2012年在上市公司实际净利润为204.59万元的情况下进行了高额分红，控股股东获得现金股利57599.41万元。

减少，仅仅只是消除了证券市场上人为设置的“藩篱”，并没有从根本上改变控股股东的控制性地位。上市公司的控股股东不仅能够通过利益输送获得收益，还能通过股票价格的变化获得资本性收益，还可以通过更为隐蔽的“股权掏空”行为实施利益侵占，即通过各种运作手段在二级市场上低买高卖套取中小股东利益。控股股东进行“股权掏空”的方式主要有股票减持和定向增发两种形式。

（1）股票减持

在股票减持过程中，控股股东利用其对上市公司的控制权，操控上市公司的重大信息披露等影响股票价格，以增加其股票减持收益。控股股东在股票减持前披露公司利好消息，推高股票价格；或将不利于公司股票价格的消息延后披露以降低股价下跌对其减持收益的影响。控股股东通过这种择机行为，一方面可以在同样数量的股票减持中获益更多，另一方面可以在获得既定收益的情况下减持较少部分的股权，从而继续保持对上市公司的控制权。我国学者吴育辉的实证研究证明，控股股东在股票减持过程中存在明显的市场择机行为，减持前披露好消息的次数明显高于减持后，而坏消息在减持后披露的次数也明显高于减持前。尽管控股股东的这种“择机”减持行为，不会直接影响上市公司的经营业绩，但是由于控股股东存在信息控制的优势，造成了不公平性，同样会对中小股东的利益形成侵害。另外，控股股东还可以通过上市公司股权激励时机，实现自我激励，获得更多上市公司的股份，为后续的股票减持提供更多的“筹码”。这种市场行为也会在一定程度上造成不公平性，形成对中小股东利益的侵害。

（2）定向增发

定向增发是指上市公司在场外向特定对象非公开发行股票的行为，是一种股权再融资方式。在定向增发过程中，定向增发价格决定了买卖双方的收益和价格，高增发价格有利于上市公司，对于购买方来说，增发价格越低，购买方所需付出的成本就越低。当控股股东自己作为定向增发的对象时，控股股东会利用上市公司定向增发的时机选择和停牌前操控锁定一个较低的增发价格，节约购买新股的成本，并获得上市公司的更多股份和收益，但是，上市公司所能获得的收益就相应减少。因此，控股股东这种利用低价定向增发稀释中小股东控制权的行为也是控股股东对上市公司的利益侵占行为表现。另外，定向增发包括以现金认购股权和以资产认购股权两种形式，在以资产购买定向增发股份时，控股股东还可以通过与审计机构之间的利益关系高估作为对价支付资产的价格从中获利。这些被高估的资产往往都是不良资产，注入上市公司之后会严重影响上市公司后续营运能力和企业价值。如宋鑫等（2017）、王健等（2021）、黄宏斌等（2021）等人的研究表明，控股股东存在利用定向增发进行利益输送的可能。

5.3 控股股东代理问题产生的经济后果

经济后果是指会计报告对企业、政府、工会、投资者和债权人决策行为的影响（Zeff，1978），强调会计信息对企业价值、政府、投资者以及债权人等利益相关者的影响。同样，家族企业在控股股东代理条件下所形成的经济决策也会产生一定的经济后果。如控股股东通过操纵和影响上市公司的关联交易、贷款担保以及股利政策等行为对企业的会计信息产生重要影响，其中最明显、最直接的经济后果便是企业价值损失。同时，控股股东的经济行为会通过会计信息对证券市场、外部投资者、债权人等利益主体的行为决策产生一定影响，如此循环成一定的经济后果。本书在借鉴宋小保（2007）构建的经济后果模型的基础上，构建了家族企业的控股股东代理问题的经济后果模型，如图5.5所示。

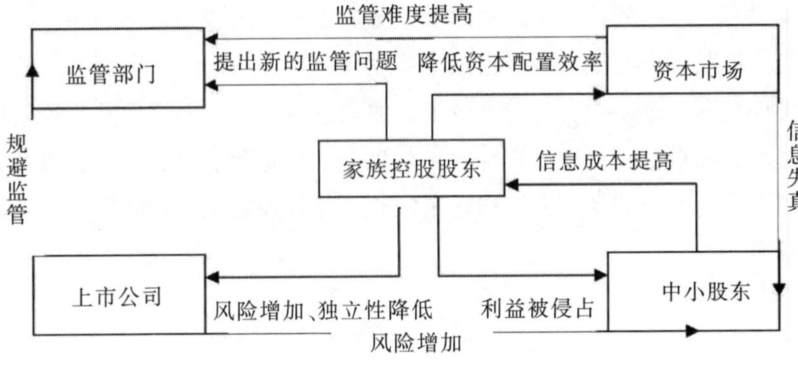

图5.5　上市家族企业控股股东代理问题产生的经济后果模型

如图5.5所示，家族控股股东代理行为首先会使得上市公司的独立性降低，经营风险增加，公司的经营目标倾向于控股股东利益最大化，造成公司价值损失，中小股东的利益被侵占。反过来，中小股东发现自己被侵占后一般会采用“用脚投票”的方式，抛售公司股票，债权人也会对上市公司采取较为谨慎的态度，上市公司的债权融资成本增加，融资困难，企业发展受到限制，控股股东的信息成本增加。控股股东对上市公司进行利益侵占时，为了规避监管，倾向于隐瞒上市公司以及控股股东信息，监管部门的监管难度加大，即控股股东代理问题的产生提出了新的监管问题，对监管部门的监管能力提出更高的要求。同时，控股股东对上市公司投资决策、控制权转移行为等影响属于一种非效率的资本配置方式，使得资本市场失效，资本市场传递给投资者的信息失真，中小投资者投资风险增加，进一步对监管部门在保护中小投资者、债权人等方面提出了更高的要求。由此可见，控股股东代理问题的产生不仅仅只是造成上市公司价值损失，以及对中小股东的利益侵占，同时也会对资本市场以及监管部门的政策监管等产生重要影响，与证券市场的健康发展密切相关。

5.4 本章小结

本章主要分析了家族企业控股股东代理问题产生的内在机理。家族企业内复杂的委托代理关系、多层级的代理链条和控制权配置形式以及控股股东与中小股东之间的利益冲突是导致上市家族企业控股股东代理问题产生的内在机制。控股股东实施利益侵占的主要表现有资金占用、关联交易、贷款担保、管理盘踞、过度投资、股利政策、股票减持以及定向增发共8种具体形式。最后，在借鉴相关理论研究成果基础上，从企业价值、政府、投资者以及债权人等利益相关者等方面构建了家族企业控股股东代理问题产生的经济后果模型。

第6章　社会资本对家族企业控股股东代理问题的影响机制

本章基于家族企业社会资本的特点，从家族企业控股股东的控制权获取、利益动机、利益侵占方式等方面系统探讨社会资本的影响机制，并通过构建加入社会资本因素后的数理模型，探讨控股股东代理问题产生的边界条件。

6.1 社会资本与控股股东的控制权获取

高闯等人（2008）提出了“社会资本控制”的概念，认为控股股东首先会通过构建复杂的控股结构达到对上市公司的控制，然后在股权分散后又会隐藏身份，利用其与董事会、经理层之间的社会资本操作“傀儡”董事会，控制经营管理层，最终获得对上市公司的实际控制权。通过观察和分析我国资本市场的实际情况，“股权控制”和“社会资本控制”的双重控制机理在家族企业中确实存在，其中股权控制主要呈金字塔式，社会资本控制呈网络式。

6.1.1 金字塔式的股权控制

根据LLSV（La Porta、Lopezde－Silances、Shleifer和Vishny，下同）的研究范式，控股股东通过股权控制上市公司的方式有金字塔结构、类别投票权以及交叉持股三种主要类型，这些股权结构具有股权放大功能，控股股东只需少量现金流权就可以获得对上市公司的实际控制，使控制权与现金流权发生偏离。我国特殊的转轨制经济特点决定了我国上市家族企业大部分都采取了金字塔式的股权结构控制上市公司，主要原因在于以下几个方面。首先，我国法律禁止发行类别股票和交叉持股，上市公司控股股东要达到控制权与现金流权分离目的只能采取金字塔结构。其次，在2000年以前我国证券法禁止自然人（家族）直接发起上市融资，自然人持有上市公司股份不能超过上市公司总股本的0.5%，自然人无法直接持股控制上市公司，只能实施间接控制。即使在2000年后国家取消了自然人的持股限制，很多控制性家族出于满足法律规制、监管或者是避税等目的仍然采取采取间接持股的形式。[①] 最后，这种金字塔式的股权结构能够帮助控制性股东成立强大的企业集团，构建内部资本市场，规避融资风险，也可以为控股股东通过关联交易等方式转移上市公司的资源提供便利。

正是由于这种特殊的制度环境，我国上市家族企业形成了独具特色的金字塔式股权结构，这种金字塔结构一般分为三个层次：顶端是控制性家族或个人；中间层为非上市企业，底层为上市公司。中间层的非上市企业有一部分是不从事经营业务的控股公司，是为上市而设立的专门持股公司。底层上市公司一般都是家族企业的核心企业。下面通过广东万家乐股份有限公司的股权结构来说明我国上市家族企业金字塔式股权结构的构成特点。如图6.1所示，张明园通过三层金字塔结构间接控制上市公司，其个人持股处于金字塔结构最顶端，其中间层公司广州汇顺投资有限公司就是一个专门的投资控股公司，底层上市公司为家族企业的核心业务公司。根据La Porta（1999）提出的最终控制权与最终现金流权的计算方法，我们可以得到张明园对上市公司的最终控制权为24.85%，最终现金流权为11.07%，也就是说张明园只拥有11.07%的现金流权就拥有了上市公司24.85%的投票表决权，即控制权和现金流权发生偏离，偏离程度为2.24[②]。通过对上市公司实际经营情况的考察，张明园基本上可以达到对上市公司的100%控制，这主要取决于

① 例如一些上市公司为满足上市要求并获得较高的发行溢价会对上市公司进行"包装"，将一些收益率低的非核心业务留在母公司，以企业核心优良资产成立新公司单独上市融资，以此构建多层次的企业集团，为转移上市公司资产、规避税费提供便利。参见韩忠雪、李维安等（2013）

② 参照La Porta等人（1999）的控制权与现金流权的计算方法。

现代企业的投票表决制度及其个人社会资本控制。

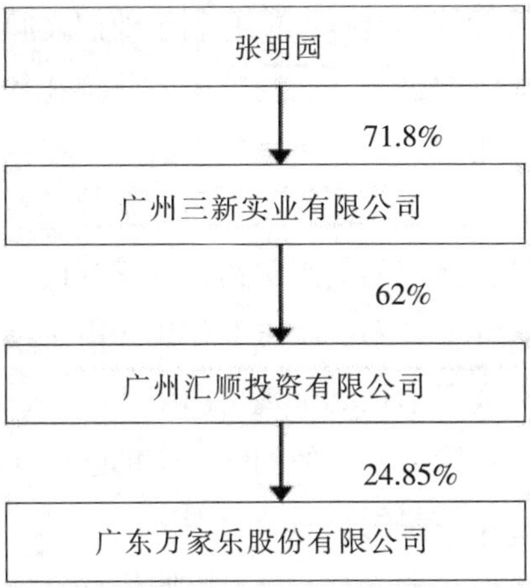

图 6.1　广东万家乐股份有限公司金字塔式股权结构图

资料来源：巨潮资讯网 http：//www. cninfo. com. cn/，公司资讯。

6. 1. 2 网络式的社会资本控制

家族控股股东对上市公司的社会资本控制，也体现在对股东大会的剩余控制权、董事会的决策控制权以及经理层的经营控制权三个层面。在股东大会层面，控股股东主要通过安排自己的亲人、朋友成为公司的中小股东，或者通过其拥有的社会资本影响其他中小股东为自己决策投赞同票，特别是在很多其本身需要回避表决的关联交易等事项方面。在董事会层面，主要是通过委派自己人或与自己有良好的社会关系的人进入公司董事会，如很多上市家族企业的控股股东倾向于聘任自己的同学、朋友成为公司的独立董事，独立董事根本无法“独立”。根据公司法规定公司总经理由股东推荐，董事会聘任，但是实际上控股股东因掌握了董事会的决策权，经理层的聘任也基本上是由控股股东的个人意志所决定，如很多上市公司的控股股东都亲自担任公司的总经理和董事长。

另外，在家族企业的管理过程中，控制性家族必须与董事会、经理层人员建立良好的社会关系、保持良好的社会互动，以降低信息不对称，减少机会主义行为和道德风险。在某种情境下，他们就有可能组成战略联盟，并分享共同的愿景、利益目标等，这样既能有利于他们之间相互的知识共享、协调行动的一致性，还能够促进彼此之间的风险共担和利益共享，最终降低交易的不确定性和资产专用性。这也是家族控股股东在控制上公司过程中动用社会资本的重要原因。在上市家族企业中一般都有一个核心权威，家族成员围绕这个核心权威缔结人格化的关系契约，在家族伦理的支撑下进行行为决策，在这一过程中家族社会资本产生重要作用。由于家族网络的嵌入，上市家族企业控股股东的社会资本控制呈现出网络式结构，以家族核心权威为中心，按照血缘、亲缘、地缘为基础的网络连带的强弱递次顺序形成一张庞大网络，渗透到对家族企业控制的每一个层面。

如图 6.2 所示，易忠贤家族对七喜控股股份有限公司的控制结构图。易忠贤本人拥有七喜股份 47.92% 的投票权，其妻关玉蝉通过广州七喜数码有限公司拥有上市公司 11.95% 的投票权，这两项投票权就使得易贤忠家族成为的七喜股份的绝对控股股东，易贤忠本人顺理成章地成为上市公司的董事长兼总裁。易贤华、易贤明为易贤忠的弟弟，也持有七喜股份部分股权，易贤明担任公司监事。关玉贤是易贤忠的妻弟，担任上市公司财务经理。

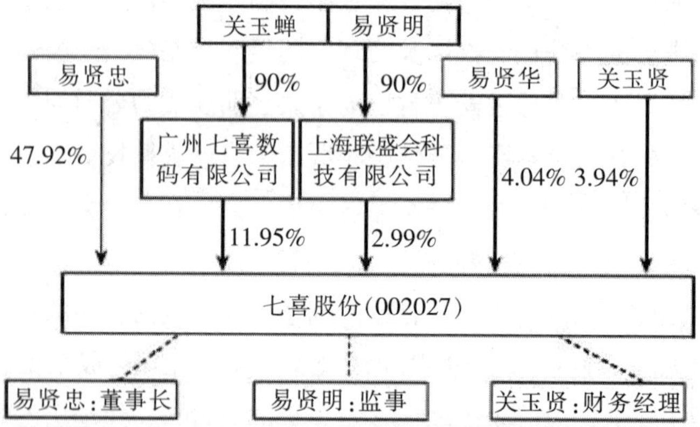

图 6.2　2012 年七喜控股股份有限公司家族控制性股东的控制图

资料来源：巨潮资讯网，http：//www. cninfo. com. cn/，上市公司年度公告。

6.2 社会资本与控股股东的利益动机

现有研究认为控股股东的行为动因是控制权与现金流权偏离下的控制权私人收益。在补充了“社会资本控制”的双重控制链下，控股股东的控制权与现金流权偏离程度进一步加大，控股股东获取控制权私人收益的空间和能力进一步加强。因此，这种被放大了的控制权私人收益才是控股股东进行利益侵占行为的真正动因（高闯，2010）。

6.2.1 股权控制下的控制权私人收益

自从“大股东”这一概念进入公司治理研究后，学者们便纷纷开始思考：为什么大股东不像其他中小股东一样单纯地持有公司股东而是积极参与公司治理，又是什么样的动力促使大股东放弃分散投资风险、承担监督经理层的责任？Grossman & Hart（1988）提出了“控制权收益”的概念，为回答上述问题提供很好的借鉴。他们认为大股东监督经理层、参与公司治理可以获得控制权收益，而且这种收益分为两部分：一是通过监督经理层、提高决策效率等带来的公司价值增值部分，依据现金流权分配的，是公司全体股东都可以共享的部分——控制权共享收益。二是控股股东通过拥有控制权谋求的个人收益，是其他股东所不能共享的部分——控制权私人收益。随后，学者们纷纷从不同的角度来解释了控制权私人收益的性质和形成。Bebckuk & Kahan（1990）、Dyck & Zingalse（2004）等大部分学者认为控制权私人收益是控股股东对中小股东的利益侵占行为，是通过转移中小股东的利益而实现的，是控股股东与中小股东之间的代理成本。Mike，Denis & Panunzi（1998）、刘少波（2007）等部分学者则认为控制权私人收益是控股股东监督成本的一种补偿，控股股东之所以会进行利益侵占是为了补偿其监督成本，是一种理性行为。申尊焕（2003）、贾明（2007））综合了上述两种观念认为，控制权私人收益包括监督成本的补偿和利益侵占两个部分，认为合理范围内的控制权私人收益是可接受的。那么，为什么控股股东能够获得这种控制权私人收益呢，主要原因在于金字塔结构下控制权与现金流权的偏离。

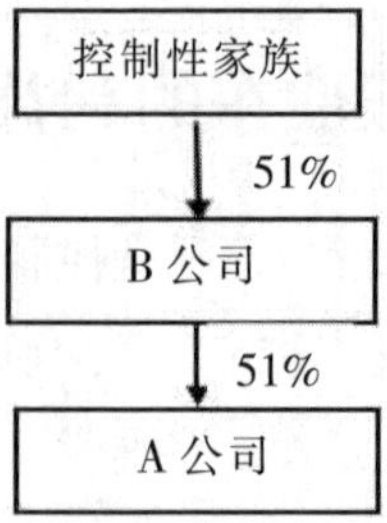

图6.3　控股股东的控制权与现金流权偏离

如图6.3所示，控制性家族通过B公司间接控制A公司。控制性家族持有B公司51%的绝对控股权，而B公司持有A公司51%的绝对控股权，控制性家族通过B公司间接享有A公司51%的控制权，而控制性家族付出的现金流权为25.61%，控制权与现金流权的偏离程度为25.39%。[①] 在正常情况下，控制性家族只能分享A公司25.61%经营成果，却拥有51%的控制权。若控股股东构建的金字塔结构层级数更多，则控制权与现金流权的偏离程度会更大，其所能分享的经营成果份额会更小。在这种情形下，控股股东便不会有很大的动力关注控制权收益中的共享部分，会倾向于关注私人部分。因此，上市家族企业控股股东实施股权控制的目的是获取控制权私人收益。对于上市家族企业而言，控股股东具有超强控制优势，公司的经营决策基本上都是以控股股东的利益最大化作为出发点，对中小股东的利益具有较强的侵占动机。

6.2.2 社会资本控制下的控制权溢价

在动用社会资本控制的前提下，控股股东的控制权与现金流权偏离程度更大，控股股东更有能力获取控制权私人收益，而且获得私人收益的空间也将进一步加大。高闯等人（2008）将这种被放大的控制权称为真实控制权，将这部分被放大的私人收益称为控制权溢价，即控股股东在动用了社会资本

① 根据La Porta（1999）等人的计算公式，现金流权=51%＊51%=25.61%，偏离程度=51%－25.61%=25.39%。

控制后，控制权收益中超过单纯股权控制下所获得的控制权私人收益的溢价部分。根据高闯（2010）等的分析框架，控股股东动用社会资本控制后的真实控制包括股东大会、董事会以及经理层三个层面，认为控股股东对上市公司的实际控制度是这三个层面的真实控制权的加权平均，计算公式如下：

$$RCD = a_1S + a_2D + a_3M$$

其中，RCD 表示实际控制度，S、D、M 分别表示控股股东对股东大会、董事会以及经理层实际控制权，a_1、a_2、a_3 为权重数，且 $a_1 + a_2 + a_3 = 1$。

既然控制权溢价是控股股东动用社会资本控制的结果，那么控股股东所拥有的社会资本数量越多，对上市公司的真实控制度越大，也就越有能力通过“隧道挖掘”等行为获取控制权私人收益。而且，控股股东构建社会关系网络、动用社会资本需要付出一定的成本，基于成本补偿假说理论，控股股东也就具有更为充分的理由进行利益侵占。因此，在家族企业控股股东同时动用股权控制和社会资本控制情形下，对控制权私人收益以及控制权溢价的追求是导致利益侵占行为发生的根本动因。

6.3 社会资本与控股股东的利益侵占路径

控股股东对上市公司的利益侵占行为具体表现为非公平的关联交易、违规担保、现金股利政策等多种形式。这些利益剥夺行为有的是可以通过分析上市家族企业的股权结构关系等观测到的，有的却非常隐蔽，难以被直接或间接观察或识别，关鑫等（2010）将控股股东这种能够被观测到的利益侵占行为称为“显性剥夺”，将难以直接观测的利益侵占行为称为“隐性剥夺”。一般而言，“股权控制链”下的剥夺行为属于显性剥夺行为，“社会资本控制”下的利益侵占属于隐性剥夺行为。

6.3.1 股权控制下的显性剥夺

在“股权控制链”的研究范式下，无论控股股东是采取的交叉持股、类别股票还是金字塔控股结构，控股股东的利益侵占行为都是可以通过追溯股权控制链的方法直接或间接地被观察到，控股股东是通过股权控制链来进行利益输送的。如图 6.4 所示，虚线框中部分代表了最简单形式的金字塔结构，整个大图代表了现实中较为复杂的金字塔结构。

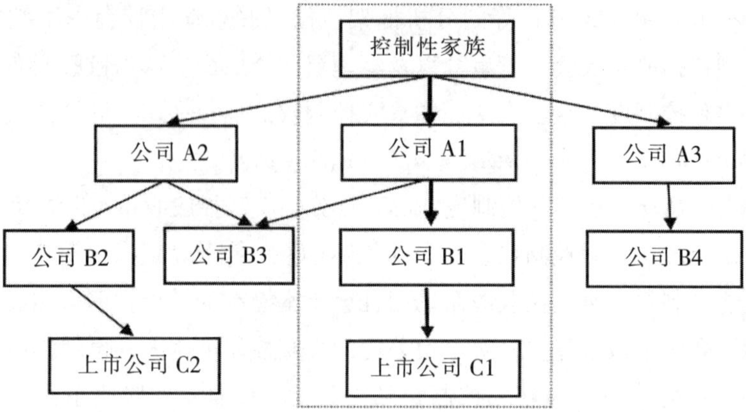

图 6.4　股权控制下的“显性剥夺”路径

如图 6.4 所示，在虚线框中，控制性家族通过公司 A1、B1 间接控制了上市公司 C1，其剥夺路径一般也是沿着股权控制的脉络，将上市公司的资产转移到其控股股东 B1，然后再通过 B1 转移至 A1，最终归控制性家族所有。例如，控制性家族首先会利用对上市公司 C1 的终极控制，让上市公司 C1 借款给公司 B1，然后利用对 B1 的间接控制，将此笔借款抽调到自己名下，进行长期占用或拒不偿还。或者，控制性家族利用其控制权左右上市公司 C1 与 B1、A1 之间的关联交易，将上市公司 C1 的资产经由公司 B1 或 A1 转移至自己名下。

上述虚线框中所述的控股股东利益侵占路径是最简单的情形，相对而言现实中的情况要复杂得多。如图 6.4 所示，考虑整个框架的情况下，控股股东既可以按照上述剥夺路径进行较为简单的、容易被直接观察得到的利益侵占，也可以通过利用较难被识别的间接方式进行利益抽取。例如，控制性家族可以利用其控制体系，通过 B 层面的公司间接左右上市公司 C1 和 C2 的经营决策，通过 B 层面公司与上市公司之间的非公平的关联交易、违规担保、借款等方面将上市公司资产转移至 B 层面的公司中，最后转移至其控股层面公司 A1、A2 和 A3 中，形成对上市公司的利益侵占。在这一过程中，由于上市公司 C1 与公司 B2、B3、B4，上市公司 C2 与公司 B1、B4 之间没有任何股权关系，进行资产转移很难直接被观测得到。这也是控制性家族倾向于构建复杂的金字塔结构的重要原因。

6.3.2 社会资本控制下的隐性剥夺

社会资本赖以存在的社会关系网络具有一定的封闭性，外部人难以观测到内部人之间的关系连带强弱等信息。因此，控股股东利用社会资本来控制上市公司可以很好地隐藏自己的身份，成为幕后实际控制人，方便其实施自身利益最大化行为，对中小股东的利益侵占属于隐性剥夺行为。通过对我国上市家族企业非公平关联交易、违规担保等行为的观察，我们也可以看出，上市公司控股股东的很多违规违法行为发生后一两年，甚至是数年之后才被发现，说明这种利益侵占行为具有很强的隐蔽性，只有通过对公司历史沿革、控股股东的履历等信息的逐步筛查，采用历史分析方法才能全面厘清控股股东实施利益侵占路径及行为过程。

控股股东的社会资本控制是以股权控制为基础的，控股股东只有掌握了上市公司的股权控制，才能够构建社会资本控制上市公司，控股股东社会资本控制链的分析范式中包含了股权控制链的分析范式。因此，控股股东社会资本控制链下的控股股东剥夺路径和方式中既包含了股权控制下的直接或间接的显性剥夺，同时也隐含了社会资本控制下的隐性剥夺。控制性家族利用社会资本进行利益侵占时，其动用的社会资本可以是其社会关系网络的全部或部分。例如，控制性家族可以通过其所拥有的社会资本影响上市公司的其他股东、公司董事和经理层或其他法人实体，通过授意上市公司与这些关联方进行非公平的关联交易、违规担保、借款等方式，实现对上市公司的利益侵占。

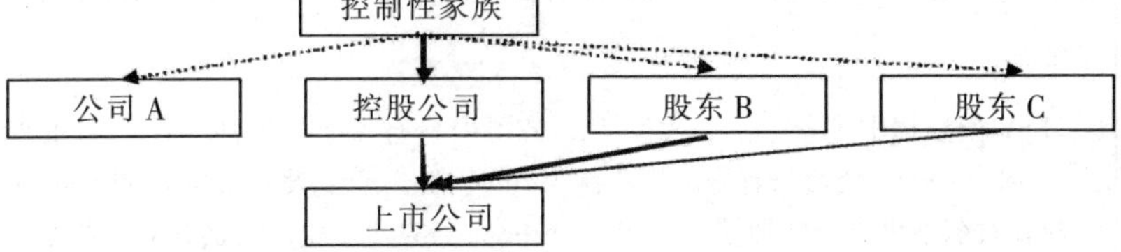

图 6.5　社会资本控制下“隐性剥夺”路径

如图 6.5 所示，控制性家族通过股权控制控制了上市公司，又通过社会资本影响上市公司的股东 B 和股东 C，强化对上市公司的控制。在这种情况下，控制性家族除了可以利用股权控制直接进行利益侵占外，还可以与股东 B 或股东 C 合谋，通过股东 B 或 C 与上市公司之间的关联交易等进行利益输送，然后与股东 B、C 进行利益均沾。此外，控制性家族还可以通过选择与公司 A（A 公司表面上与控制性家族以及上市公司之间都没有任何关联）进行联盟，形成利益同盟，以公司 A 作为“跳板”，然后授意上市公司与公司 A 之间的关联交易、担保等行为，最终实现对上市公司的利益抽取。在这一过程中，控制性家族与公司 A、股东 B、股东 C 之间的沟通、信任等社会资本发挥着重要作用，社会资本成为控制性家族进行利益侵占的重要途径。

6.4 社会资本与控股股东代理问题的数理分析

6.4.1 基本模型构建

借鉴 LLSV 模型的建模思路[①]，本书提出如下研究假设：

（1）假定上市公司的股权结构集中，存在一个控股股东，其他均为中小股东，控股股东拥有的现金流权比例为 α，而且控股股东会通过建立企业集团、构建复杂的股权结构获得超过 α 水平的控制权 υ，控股股东的控制权与现金流权发生偏离，且控股股东与中小股东之间存在信息不对称，控股股东具有实施利益侵占的动机。

（2）假设控股股东获得上市公司控制权之前，上市公司价值为 Q_0，控股股东行使控制权后，上市公司价值增加至 Q_1，上市公司价值增值部分为

① LLSV 模型提出了六项基本假设：1. 公司中只有一个控股股东；2. 控股股东的现金流权比例为 a；3. 企业只有一个投资额为 I 的项目，产生投资收益为 RI，其中 R 为收益率；4. 控股股东不出售公司股票；$R > 0$；5. 控股股东的利益侵占比例为 s；6. 控股股东利益侵占的成本函数为 $C(k,s)$，即利益转移成本受法律对中小投资者的保护程度 k 以及利益侵占比例 s 的影响。

$_{\Delta}Q$，且假设$_{\Delta}Q>0$，即控股股东行使控制权后，若控股股东不进行利益侵占，控股股东的监督效应、企业集团的规模效应等会导致企业价值增加。

(3) 假设控股股东获得的控制权私人收益为$P=pQ_1$，其中p代表控股股东利益侵占强度，表示控股股东将上市公司价值中p比例部分分配给自己后，余下的部分再向全部股东进行分配。

(4) 假设上市公司的内部治理机制包括股权制衡g、董事会治理b、经理层激励e，外部治理机制主要为投资者法律保护k。

(5) 控股股东侵占上市公司利益的成本函数为：$C=c(\alpha,p,\nu,g,b,e,k)Q_1$，其中$C$表示控股股东实施利益侵占所需承担的成本，$\alpha$为控股股东的现金流权，且有$C_\alpha>0$，表示随着控股股东现金流权的增加；$p$表示控股股东的利益侵占强度，$C_p>0$，表示控股股东获取控制权私人收益的比例越大，控股股东的成本越大；ν表示控股股东的控制权，且有$C_\nu<0$，表示随着控股股东控制权比例的增加，控股股东实施利益侵占能力越强，越容易实施利益侵占，所需付出的成本越小。g为其他中小股东的股权制衡，且有$C_g>0$，表示其他股东的股权制衡程度越大，控股股东实施利益侵占付出的成本越大；同样有$C_b>0$，$C_e>0$，$C_k>0$，即公司的内外部治理机制越完善，控股股东实施利益侵占付出的成本越高。另外，本书还假定$C_{p\alpha}>0$，表示随着控股股东现金流权比例的增加，利益侵占的边际成本递增；$C_{pp}>0$，表示随着控股股东利益侵占程度的增加，利益侵占的边际成本递增；$C_{p\nu}<0$，表示随着控股股东实际控制能力的增强，利益侵占的边际成本递减$C_{pg}>0$，表示随着其他中小股东制衡能力的增加，利益侵占的边际成本递增；同样有$C_{pb}>0$，$C_{pe}>0$，$C_{pk}>0$，表示随着公司内外部治理机制的完善，控股股东实施利益侵占的边际成本递增。

在上述假定情形下，控股股东行为决策的目标函数为：

$$MAX:U=\alpha(1-p)Q_1+pQ_1-c(\alpha,p,\nu,g,b,e,k)Q_1 \tag{6.1}$$

由于控股股东关于P的最优解与Q_1无关，因此，控股股东行为决策函数可简化为：

$$MAX:U=\alpha(1-p)+p-c(\alpha,p,\nu,g,b,e,k) \tag{6.2}$$

控股股东利益最大化的利益侵占水平p应满足：$U_p=0$，即有：

$$U_p = -\alpha + 1 - c_p(\alpha, p, \nu, g, b, e, k) = 0 \tag{6.3}$$

公式（6.3）可以进一步简化为：

$$1 - \alpha = c_p(\alpha, p, \nu, g, b, e, k) \tag{6.4}$$

6.4.2 股权控制与控股股东利益侵占

为了进一步理解控股股东利益侵占行为的约束机制，需要对式（6.4）中的各变量求偏导。

1. 现金流权与控股股东利益侵占

将公式（6.4）对现金流权比例 α 求偏导可得：

$$-1 = c_{p\alpha}(\alpha, p, \nu, g, b, e, k) + c_{pp}(\alpha, p, \nu, g, b, e, k)\frac{\partial p}{\partial \alpha} \tag{6.5}$$

将公式（6.5）移项可得：

$$\frac{\partial p}{\partial \alpha} = -\frac{c_{p\alpha}(\alpha, p, \nu, g, b, e, k)}{c_{pp}(\alpha, p, \nu, g, b, e, k)} - \frac{1}{c_{pp}(\alpha, p, \nu, g, b, e, k)} < 0 \tag{6.6}$$

公式（6.6）表明，在其他条件相同的情形下，控股股东的现金流权比例越大，控股股东的利益侵占越小。

2. 控制权与控股股东利益侵占

将公式（6.4）对控制权比例 v 求偏导可得：

$$c_{pv}(\alpha, p, \nu, g, b, e, k) + c_{pp}(\alpha, p, \nu, g, b, e, k)\frac{\partial p}{\partial v} = 0 \tag{6.7}$$

将公式（6.7）移项可得：

$$\frac{\partial p}{\partial v} = -\frac{c_{pv}(\alpha, p, \nu, g, b, e, k)}{c_{pp}(\alpha, p, \nu, g, b, e, k)} > 0 \tag{6.8}$$

公式（6.8）表明，在其他条件相同的情形下，控股股东的控制权比例越大，控股股东的利益侵占越大。

3. 股权制衡与控股股东利益侵占

将公式（6.4）对股权制衡 g 求偏导可得：

$$c_{pg}(\alpha, p, \nu, g, b, e, k) + c_{pp}(\alpha, p, \nu, g, b, e, k)\frac{\partial p}{\partial g} = 0 \tag{6.9}$$

将公式（6.9）移项得到：

$$\frac{\partial p}{\partial g} = -\frac{c_g(\alpha, p, \nu, g, b, e, k)}{c_{pp}(\alpha, p, \nu, g, b, e, k)} < 0 \tag{6.10}$$

公式（6.10）表明，其他股东的股权制衡越强，控股股东的利益侵占越小。

同样，我们也可以得到公式（6.4）分别对董事会治理 b，经理层激励 e 以及法律对投资者保护 k 的偏导数小于 0，即公司内外部治理机制越完善，控股股东的利益侵占越小。

上述数理模型是未考虑社会资本影响前提下股权结构与控股股东利益侵占行为之间的关系，理论上公司的内外部治理机制都能在一定程度上抑制控股股东的利益侵占行为。但是现实中，公司治理机制并不一定能够有效地发挥治理作用。如陈红（2012）通过上市公司金字塔结构的分析发现，股权制衡不仅直接影响控股股东利益侵占，在一定程度还会强化金字塔结构的影响。周建等（2013）采用内生性模型分析发现，董事会治理、股权集中度以及管理层薪酬对控股股东代理成本不具有显著性影响，表明这些治理机制无法抑制控股股东的利益侵占问题。尽管 LLSV 研究指出法律的投资者保护对控股股东的利益侵占具有显著性影响，但是 Amir Licht 等学者也对此提出了质疑，他们认为诸如宗教、语言、社会信任等历史问题因素才是影响各国公司治理差异的原因，控股股东是否实施利益侵占与当地的文化环境密切相关。郑国坚（2013）通过对我国上市公司的研究发现，股权制衡、独立董事、股权激励等公司内部治理机制难以有效发挥治理作用，主要原因在于这些治理机制与控股股东行为密切相关，使得股权制衡无法发挥有效作用、独立董事不具备独立性。由此可见，控股股东的社会资本可能会弱化公司治理机制的作用，使控股股东能够更为顺利地实施利益侵占，导致更为严重的控股股东代理问题。接下来，本书将通过数理模型进一步探讨社会资本对控股股东利益侵占行为的影响机制。

6.4.3 社会资本与控股股东利益侵占

由前述理论框架分析可知，在社会资本的影响下控股股东实施利益侵占的行为能力、行为动机以及后果承担条件都发生了变化，也就是说控股股东利益侵占行为的前提假设发生了改变。基于此，在前文研究假设的基础上增加如下前提假设条件。

（1）假设控股股东获得上市公司控制权后，会通过将亲人、朋友、同学等与自己具有良好社会关系的人员安排进入公司股东大会、董事会以及经理层来实现对上市公司的社会资本控制。另外，还会通过与政府监管部门等保持良好的社会关系，以获得政府资源便利、规避监管等。假设控股股东拥有的社会资本存量为 s，而且控股股东构建和动用社会资本是需要付出一定成本的。

（2）本书假设控股股东在保持控制权的前提下在增加对上市公司的社会资本控制的同时会逐步减少对上市公司的现金流权的持有，即有 $\alpha=\alpha(s)$，且有 $\alpha'(s)<0$。

（3）假设在社会资本的影响下控股股东对上市公司的真实控制权为 v_z，且有 $v_z=v(s)$，$v'(s)>0$。

（4）由于控股股东对其他股东、董事成员以及经理层之间的社会资本控制，使得股权制衡、董事会治理、股权激励以及投资者法律保护等治理机制的约束作用减弱，既有 $g=g(s)$，$b=b(s)$，$e=e(s)$，$k=k(s)$，且有 $g'(s)<0$，$b'(s)<0$，$e'(s)<0$，$k'(s)<0$。

在引入上述前提假设之后，控股股东行为决策的目标函数转变为：

$$MAX:U=\alpha(s)(1-p)+p-c[\alpha(s),p,\nu(s),g(s),b(s),e(s),k(s),s] \tag{6.11}$$

控股股东利益最大化的利益侵占水平 p 应满足：$U_p=0$，即有：

$$U_p=-\alpha(s)+1-c_p[\alpha(s),p,\nu(s),g(s),b(s),e(s),k(s),s]=0 \tag{6.12}$$

公式（6.12）可以进一步简化为：

$$1-\alpha(s)=c_p[\alpha(s),p,\nu(s),g(s),b(s),e(s),k(s),s] \tag{6.13}$$

为了进一步分析社会资本对控股股东利益侵占行为的影响机理，将公式（6.13）对控股股东的社会资本存量 s 求偏导可得：

$\alpha'(s)=$

$$c_{ps} + c_{pp}\frac{\partial p}{\partial s} + c_{pa}\alpha'(s) + c_{pv}\nu'(s) + c_{pg}g'(s) + c_{pb}b'(s) + c_{pe}e'(s) + c_{pk}k'(s) \tag{6.14}$$

将公式（4.14）移项可得：

$$\frac{\partial p}{\partial s} = \frac{-[\alpha'(s) + c_{ps} + c_{pa}\alpha'(s) + c_{pv}\nu'(s) + c_{pg}g'(s) + c_{pb}b'(s) + c_{pe}e'(s) + c_{pk}k'(s)]}{c_{pp}} > 0 \tag{6.15}$$

公式（6.15）表明，在其他条件相同的情形下，控股股东拥有的社会资本存量越丰富，控股股东的利益侵占程度越大。

由公式（6.15）可以看出，控股股东的社会资本主要通过以下三个方面的作用机制对控股股东利益侵占产生影响。首先，控股股东构建的社会资本存量越丰富，付出的社会资本成本越多，其要求的成本补偿也就越多，利益侵占动机增加；其次，控股股东所拥有的社会资本存量越丰富，其对上市公司的实际控制能力越强，进行利益侵占的能力也越强；最后，由于控股股东与其他股东、董事会、经理层以及监管层之间的社会关系导致股权制衡、董事会治理、经理层激励以及法律对投资者的保护等治理机制的作用弱化，控股股东实施利益侵占的阻力减小，实施利益侵占被发现的可能性或发现后面临的惩罚减小，实施利益侵占的后果承担减少，利益侵占强度增加。

6.5 本章小结

本章主要分析了社会资本与控股股东代理问题产生的内在机理，将社会资本因素纳入考虑范围后，控股股东对上市公司的控制包括金字塔式的股权控制和网络式的社会资本控制，与之对应，控股股东利益侵占路径也包括股权控制下的显性剥夺和社会资本控制下的隐性剥夺。在双重控制机理下，控股股东代理问题产生的根本动因是被社会资本控制进一步放大了的控制权私人收益，利益侵占动机更大。最后，借鉴 LLSV 模型的思路构建社会资本理论视角下控股股东代理问题产生的数理模型。通过模型推导，我们得出以下结论：控股股东的现金流权比例与控股股东利益侵占强度之间呈负相关关系；控股股东对上市公司的实际控制能力越强，控股股东的利益侵占强度越大；股权制衡、资本市场等公司治理机制能够在一定程度上约束控股股东利益侵占行为；但是，在考虑了社会资本的影响因素后，股权制衡等治理机制功能被弱化，控股股东所拥有的社会资本数量越多，控股股东利益侵占强度越大。这些分析结论在一定程度上与现有研究的经验发现一致，也是本书实证分析部分的理论基础。

第7章 股权结构、社会资本控制与控股股东利益侵占

本章首先对中国家族企业的发展概况及其上市历程进行介绍，确定本章实证研究的样本，然后对上市家族企业控股股东的股权结构特征进行分析，运用主成分分析法对控股股东的社会资本控制指数进行设计和评价。最后，运用平衡面板数据对股权结构、社会资本控制与控股股东利益侵占之间的关系进行实证检验，为本书关于控股股东利用社会资本控制上市公司、实施利益侵占的理论观点提供经验佐证。

7.1 中国家族企业的上市历程及发展现状

毋庸置疑，在过去40多年的经济发展中，中国家族企业扮演着十分重要的角色，是国民经济中最活跃的组成部分，并涌现出一大批耳熟能详的企业，如何享健家族的美的集团、杨惠妍家族的碧桂园、王传福家族的比亚迪、黄光裕家族的国美电器、刘永好家族的新希望和宝硕股份等。随着家族企业的发展壮大，上市家族企业也逐步成为中国资本市场的主导角色。根据福布斯发布的《中国现代家族企业》报告显示，截至2021年12月31日，中国A股上市公司共4847家，其中国有上市公司1470家，民营上市公司3377家，上市家族企业3066家，上市家族企业占据了民营上市公司的90.79%①。尽管目前我国家族企业上市发展态势良好，但我国家族企业上

① 作者根据国泰安数据库相关数据整理获得

市的过程却是历尽坎坷后才迎来良好的发展契机，大致经历了以下四个阶段。

（1）1994—1996 年的起步阶段：以直接上市为主，上市家族企业屈指可数。

我国自 1990 年设立资本市场以来，由于国有企业在获取资源方面的优势，股权上市融资的资格主要配备给国有企业，家族企业上市融资困难。据不完全统计，此阶段上市的家族企业只有十几家，如鲁冠球家族控制的万向钱潮（000559）、李一奎家族控制的通化东宝（600867）、熊建明家族控制的深圳方大（000055）、郭立文家族控制的哈慈股份（600752）等。这一阶段的上市家族企业只能通过直接上市公司方式进行上市融资，股市相对低迷，上市家族企业数量的增长几乎处于停滞阶段。

（2）1997—1999 年的发展阶段：以买壳上市为主，数量上得到一定的发展。

这一阶段，我国证券市场实行“总量控制，限报家数”的管理原则，上市家族企业的发展受到很大的限制，家族企业只能通过借壳上市的方式来实现在资本市场融资。但是由于民营经济的发展形势良好，也涌现出了一大批上市家族企业，如吴一坚家族控股的金花股份（600080）、楼忠福家族控制的浙江广厦（600052）、张思民家族控制的海王生物（000078）等。另外，由于这一时期，政策规定个人持股上市公司不能超过 0.5%，因此，控制性家族主要通过设立中间持股公司的方式来实现上市融资，涌现出了一大批企业系族，如由郭广昌家族控制的“复兴系”、唐万新家族控制的“德隆系”等。

（3）2000—2003 年的快速发展阶段：以借壳上市为主，企业系族不断涌现。

2000 年 5 月我国 A 股上市方式由审批制改革为核准制，这一制度在很大程度上将我国资本市场推向了制度化发展的道路，为家族企业上市融资提供了很大的便利，我国家族企业上市进入快速发展阶段。如刘润红家族通过借壳上市的方式，实现了对捷利股份（000996）的控制，竺韵德家族通过间接持股的方式实现了对宁波韵升（600366）的控制，郭家学家族通过收购“同仁铝业”控制了东盛科技（600771），并以此构建了庞大的“东盛医药系”，另外，“科龙系”“格林柯尔系”等企业系族也是在这一时期形成的。截至2003年12月31日，在我国A股市场的全部上市家族企业达到167家，其中88家（占比52.69%）通过“借壳”方式实现上市。

（4）2004年至今的高速发展阶段：中小板、创业板成为家族企业的主战场。

2004年中小板块的启动以及2009年创业板的启动，将我国家族企业的上市推向了高潮，我国上市家族企业在数量上出现了成倍增长的发展态势。如表7.1和图7.1所示，截至2004年12月31日，实际控制人为个人或家族的上市公司数量为366家，2008年为581家，2012年这一数量增至1364家，2021年增至3066家，占全部上市公司数量的63.26%，占全部民营上市公司的90.97%。另外，截至2021年12月31日，在中小板上市的实际控制人为个人或家族的上市公司数量为867家，占中小板市场全部数量的97.8%；创业板上市实际控制人为个人或家族的上市公司数量为428家，占全部创业板上市公司的97.23%，即实际控制人为个人或家族的上市公司中有1295家（约42.24%）活跃在中小板或创业板市场。由此可见，中小板和创业板是我国家族企业上市融资的主战场。

表7.1　2003—2021年中国上市家族企业数量及其占比情况

年份	上市企业数量（家）	民营企业数量（家）	家族企业数量（家）	家族企业占上市公司比例	家族企业占民营企业比例
2003	1293	565	167	12.92%	29.56%
2004	1379	613	341	24.73%	55.63%
2005	1374	613	366	26.64%	59.71%
2006	1457	656	451	30.95%	68.75%
2007	1571	731	541	34.44%	74.01%
2008	1625	773	581	35.75%	75.16%
2009	1773	899	708	39.93%	78.75%
2010	2128	1203	1014	47.65%	84.29%
2011	2363	1419	1254	53.07%	88.37%

续表

年份	上市企业数量（家）	民营企业数量（家）	家族企业数量（家）	家族企业占上市公司比例	家族企业占民营企业比例
2012	2494	1526	1364	54.69%	89.38%
2013	2536	1566	1397	55.09%	89.21%
2014	2652	1663	1499	56.52%	90.14%
2015	2842	1828	1678	59.04%	91.79%
2016	3281	2070	1931	58.85%	93.29%
2017	3666	2399	2268	61.87%	94.54%
2018	3767	2467	2325	61.72%	94.24%
2019	3977	2624	2435	61.23%	92.80%
2020	4427	3004	2771	62.59%	92.24%
2021	4847	3377	3066	63.26%	90.79%

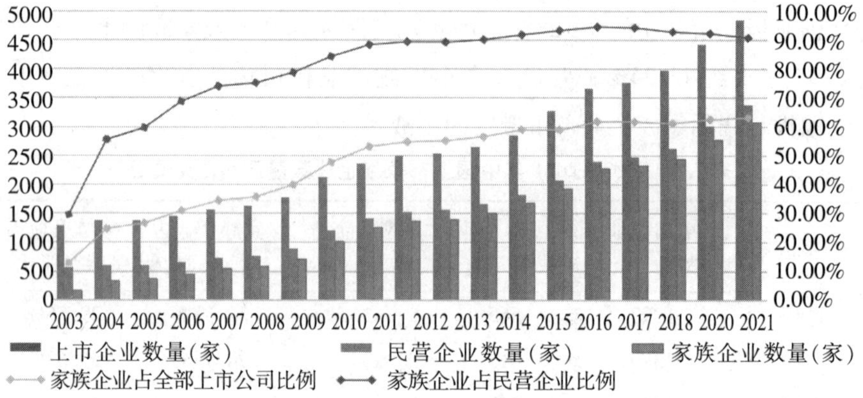

图 7.1　2003—2021 年中国上市家族企业数量及其占比变化趋势图

数据来源：国泰安数据库公司数据库，根据上市公司基本信息、民营上市公司、家族企业三个子数据库统计整理。

7.2 研究样本选择

7.2.1 样本筛选

根据前文对上市家族企业的定义，本研究以国泰安中国民营上市公司数据库中 A 股上市公司作为初选样本，参照以下两个标准界定上市家族企业：（1）上市公司的实际控制人是自然人或家族；（2）实际控制人或实际控制人控制的公司是上市公司的第一大股东。另外，由于本书的主要研究内容为控股股东代理问题，在考虑社会资本因素后，控股股东对中小股东的利益侵占较为隐蔽，难以即刻发现，必须通过一个较为长期的观察才能发现，为保证研究结论的客观性，本书拟构建一个 2012—2021 年的平衡面板数据对这一问题进行实证检验，因此，本书还对 2012 年之后上市、或家族化的、或在此期间实际控制人发生变更的公司样本予以剔除。最后，本书还剔除了金融类、房地产类上市公司样本以及部分变量指标严重缺失的样本，最终确定了 825 家上市家族企业公司共 8250 个观测数据作为本书的研究样本。

7.2.2 样本的基本情况

如表 7.2 和图 7.2 分别是样本的区域和省级行政区分布情况。从区域分布情况来看，我国上市家族企业区域发展不平衡，将近一半的上市家族企业处于华东地区，占 49.14%，其次的华南地区和华北地区，占比为 19% 和 12.23%，从东中西的区域划分来看，这三个区域大都处于东部地区，合计占比达到 80.37%。由此可见，区域经济发展水平对我国家族企业的发展产生重要影响，东部地区区位优势明显，更容易获得上市资源。从省级行政区分布趋势来看，广东、浙江以及江苏是上市家族企业数量排名前三的省份，合计拥有 3903 个样本，占全体样本数量的 46.58%，其次是北京、上海和山东，这与我国全部上市公司、民营上市以及家族上市公司的总体情况分布接近，说明样本具有较好的代表性。

7.2　全体样本的区域分布情况表

区域名称	样本数	百分比	累计百分比
东北	272	3.25%	3.25%
华北	1025	12.23%	15.48%
华东	4118	49.14%	64.62%
华南	1592	19.00%	83.62%
华中	630	7.52%	91.13%
西北	231	2.76%	93.89%
西南	512	6.11%	100.00%

资料来源：根据国泰安数据库统计整理。

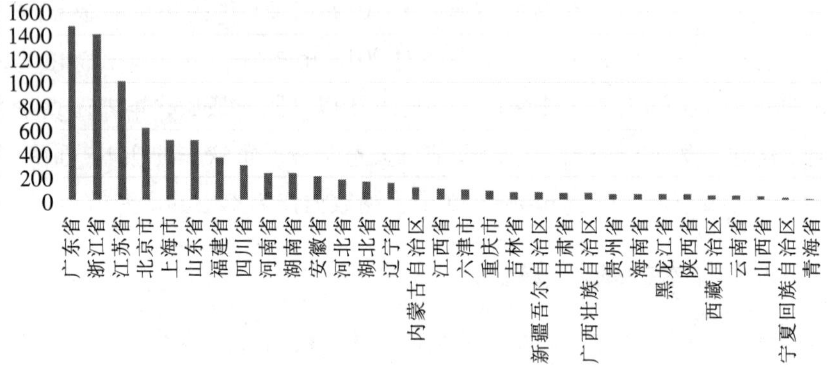

图 7.2　全体样本省域分布图

从表 7.3 可以看出，我国上市家族企业主要集中于制造业，占全体样本的 73.59%，其次是软件和信息技术服务业和房地产业，分别占 8.63% 和 3.79%，这与我国民营上市公司的基本情况相符，因此本样本具有很好的代表性。另外，从民营化方式来看，样本家族企业中 670 家采取直接上市的方式上市，占比 79.95%；168 家样本公司间接上市，占比 20.05%。从上市板块来看，大部分样本家族企业在中小板和创业板上市，分别占比 27.8% 和 40.59%。

7.3　全体样本的行业分布情况表

行业名称	样本数	百分比	累计百分比
A 农 林 牧 渔业	116	1.38%	1.38%
B 矿产采掘业	83	0.99%	2.37%
C 制造业	6167	73.59%	75.97%
D 电力 煤气业	49	0.58%	76.55%
E 建筑安装业	179	2.14%	78.69%
F 批发和零售贸易	357	4.26%	82.95%
G 道路运输业	44	0.53%	83.47%
I 软件和信息技术服务业	723	8.63%	92.10%
K 房地产业	318	3.79%	95.89%
L 商务服务	46	0.55%	96.44%
M 专业技术服务业	77	0.92%	97.36%
N 生态保护和环境治理业	69	0.82%	98.19%
P&Q 卫生与教育	57	0.68%	98.87%
R 文化与艺术传播	69	0.82%	99.69%
S 综合	26	0.31%	100.00%

资料来源：根据国泰安数据库统计整理。

7.3 中国上市家族企业控股股东的股权控制分析

根据前文分析可知，股权控制是控制性家族控制上市公司的基础，是控股股东对上市公司的法定控制权。为进一步了解控制性家族对上市公司的股权控制情况，本书沿用 La Porta et al. （1999） 的研究方法，从终极所有权结构特征的角度来分析控股股东的股权控制，所谓终极所有权结构是指上市公司的最终控制者依法拥有的现金流权和投票权份额及二者之间的关系（叶长兵，2009）。

7.3.1 研究设计

本节以上述 825 家上市家族企业 2012—2021 年共 8250 个观测数据为研

究样本，相关数据主要来源于国泰安中国民营上市公司数据库，部分最终控制人的追踪信息来自巨潮资讯网、百度等网络搜索补充。

最终所有权结构特征的分析共包含三个变量，分别为最终现金流权比例、最终投票权比例以及最终投票权与现金流权偏离系数。根据 La Porta et al.（1999）的计算方法，最终现金流权比例（*CR*）等于最终控制人在股权结构控制链上的持股比例的乘积；最终投票权比例（*CV*）等于最终控制人在各链条上最小持股比例之和；最终投票权与所有权偏离系数（*SEP*）的计算公式为：$SEP = CR/CV$。

7.3.2 控股股东的股权控制特征

如表 7.4 所示，样本上市家族企业控股股东的最终现金流权均值为 33.536%，最终投票权均值为 38.456%，两权偏离系数均值为 0.867，最大值、最小值、标准差等特征值表明各样本之间存在较大差异。采取同样的计算方法，2007—2012 年的样本数据的最终现金流权均值 24.871%，最终投票权均值为 33.876%，两权偏离系数均值为 0.910，表明我国上市家族企业的最终所有权结构呈现逐渐集中的趋势，但两权偏离程度却在逐渐增大，这与我国资本市场近年来野蛮投资人敲门的事实背景存在一定关联，大部分实际控制人在不断增强对上市公司的实际控制权，特别是 34% 的一票否决权非常关键，但更大的控制权意味着更高的成本，实际控制人会有更大的动力利用复杂的金字塔结构来隐藏自身的控股行为，为其获得更多利益创造条件。同样，以 2012—2021 年全体上市公司为样本，得到最终现金流权均值为 27.938%，最终投票权均值为 33.084%，两权偏离系数为 0.844。从中可以看出，相对于国有企业而言，我国上市家族企业的最终所有权结构更为集中，两权偏离程度明显高于国家控股的上市公司，这一结论意味着，相对于国有上市企业而言，上市家族企业在获得控制权过程中需要付出更多的成本，导致更为严重的控制权与所有权偏离，这也可能带来更为严重的控股股东代理问题。

表 7.4　全体样本的描述性统计结果

变量	最终现金流权（*CR%*）	最终投票权（*CV%*）	两权偏离系数（*SEP*）
均　值	33.536	38.456	0.867
中位数	24.158	31.245	0.784
最大值	89.990	89.990	1.000
最小值	0.001	0.110	0.001
标准差	15.844	15.394	8.592
偏　度	0.445	0.365	-1.521
峰　度	2.611	2.569	4.432
样本数	8250	8250	8250

资料来源：作者整理。

表7.5为样本上市家族企业的最终投票权分布情况。从中可以看出，我国上市家族企业的最终投票权比例主要分布区间为［10，50），75.17%的样本分布在这一区间，这一比例表明，一般情况下，我国上市家族企业只需拥有10%的最终投票权就能获得对上市公司的实际控制权，因此，10%可以作为界定上市家族企业的临界阈值。① 另外，根据Berle & Means在《现代公司和私有产权》中对最终控制权形态的划分标准，我国上市家族企业大部分都属于少数控制者类型。

表 7.5　全体样本的最终投票权分布情况

最终投票权（*CV%*）	频数	单项百分比	累计百分比
[0，10)	64	0.76%	0.76%
[10，20)	824	9.83%	10.59%
[20，30)	2002	23.89%	34.48%
[30，40)	1813	21.63%	56.11%
[40，50)	1661	19.82%	75.93%
[50，60)	1152	13.75%	89.68%

① 叶长兵（2009）的研究结论认为，这一临界阈值为20%，本书在考虑了社会资本控制后，实际控制人只需拥有较少的投票表决权就能实现对上市的控制，10%的控制标准更为合理。

续表

最终投票权（CV%）	频数	单项百分比	累计百分比
[60, 70)	661	7.89%	97.57%
[70, 80)	175	2.09%	99.66%
[80, 90)	28	0.33%	100.00%
样本数	8250		

资料来源：作者整理。

表7.6为上市家族企业最终所有权结构特征的年度差异情况。通过均值比较可知，我国上市家族企业控股股东对上市公司的股权控制呈逐年下降趋势。如表所示，2012年最终现金流权均值为38.321%，最终投票权均值为44.154%，到2021年分别下降至29.10%，33.547%，说明随着家族企业上市时间的推移，上市家族企业控股股东拥有更多的资源和能力对上市公司实现社会资本控制，逐渐弱化了股权控制。另外，随着股权控制的减弱，控股股东的两权偏离程度却没有明显的变化趋势，仍然处于比较高的分离程度。

表7.6　上市家族企业最终所有权结构特征的年度差异（均值比较）

年度	最终所有权（*CR%*）	最终投票权（*CV%*）	两权偏离系数（*SEP*）	样本数（*N*）
2012	38.321	44.154	0.856	825
2013	37.582	43.107	0.861	825
2014	36.245	41.547	0.867	825
2015	34.826	39.782	0.870	825
2016	33.549	38.194	0.875	825
2017	32.395	37.131	0.871	825
2018	32.072	36.745	0.871	825
2019	31.036	35.853	0.863	825
2020	30.232	34.645	0.869	825
2021	29.100	33.547	0.868	825
*F*统计量	554.10***	415.86**	324.21**	

资料来源：作者整理。

7.4 中国上市家族企业控股股东的社会资本控制分析

7.4.1 社会资本控制指数编制方法

根据前文分析可知，控股股东的社会资本控制主要表现为控股股东与其他股东、董事会成员以及经营管理层之间的社会关系，是控股股东利用社会资本对股东大会、董事会以及经理层的控制。本书借鉴曹国华（2011）、陈倩倩（2014）等的研究方法运用主成分分析确定赋权重的方法对家族上市公司控股股东的社会资本控制指数进行计算和评价，为后续的实证分析提供数据准备。

主成分分析法（Principal Components Analysis，PCA）是一种可以简化数据集的技术，该方法可以很好地解决变量过多、衡量标准不统一的问题。主成分分析法主要采用线性组合的方法，根据指标间的内在关系确定权重，将多个指标转变为若干个或一个综合性的指标，这种综合性的指标能够涵盖原始数据中的大部分信息，又控制了信息的重叠和冗余，综合了数据的客观性和独立性特征。在研究较为复杂的经济管理问题，特别是多指标回归分析中主成分分析法能够很好地解决指标间存在的多重共线性问题，可以化繁为简，抓住主分量。

利用主成分分析法综合评价控股股东社会资本控制指标的计算过程如下：

（1）根据控股股东社会资本控制维度构建评价指标体系。

标准化处理方法如下：

$$y_{ij} = \frac{y_{ij} - \overline{y}_{ij}}{s^2{}_j} \qquad i = 1,2\cdots\cdots;j = 1,2\cdots\cdots$$

其中，$\overline{y}_{ij} = \frac{1}{n}\sum_{i=1}^{n} y_{ij}$，$s^2{}_i = \frac{1}{n-1}\sum_{i=1}^{n}(y_{ij} - \overline{y}_{ij})^2$，标准化后的数据矩阵中每个列向量的均值为0，标准差为1，数据无量纲。

（3）观察各变量之间的相关性：若相关性明显，则进入下一步计算。在 SPSS 统计软件中，根据 *KMO* 值和 Bartlett 的球体检验结果进行判定，若

KMO 值处于［0.5，1］，可以判定原始变量之间存在相关关系，适合进行主成分分析，同时 Bartlett 值也需通过显著性检验。

（4）对标准化后的各指标进行主成分分析，得到各公司的主成分分析结果。在提取主成分的判别过程中，执行累计解释能力达到 85% 以上的标准。

（5）根据主成分分析的解释的总方差和成分矩阵计算各指标的权重。

（6）根据确定的权重计算综合评价指标。

7.4.2 社会资本控制的评价指标

控股股东对上市公司的社会资本控制是以其个人所拥有的社会关系网络为基础的，因此，对控股股东社会资本控制的分析主要是其个人在企业内部的社会关系网络。由于我国特殊的制度文化背景，个人的社会关系网络主要呈“差序格局”的特点，表现为对圈内人信任有加，圈外人很难获得信任（费孝通，1948）。对我国家族企业而言，尽管家族成员是这种圈子的主要成员，但是，家族企业之间的信任不仅仅因“近亲”而生，也会因相互熟悉而生（高承恕，1991）。石秀印（1998）也指出，家族企业内部的信任不仅仅局限在血缘、姻缘基础上，家族成员内部，也会逐渐拓展到业缘、学缘和地缘范围的其他成员。杨国枢（1998）将这种家族信任关系的拓展称之为“泛家族主义”，将基于这种关系的组织或团体成为“泛家族成员”，Cohen et al.（2008）、Hwang & Kim（2009）等也通过实证分析证实了这种泛家族关系在企业中存在。

基于此，本书将上市家族企业控股股东的社会网络关系分为家族成员和泛家族成员关系。用家族成员以及泛家族成员参与股东大会、董事会以及经营管理层的参与程度来衡量控股股东对上市公司的社会资本控制。借鉴何小杨（2011）、唐建新（2013）的研究方法，对家族成员的界定根据证监会规定的三代以内的直系或旁系的姻亲或血缘关系来确定家族性；对泛家族成员的界定主要基于“共事”关系，用与控股股东建立共事关系时间的来判断泛家族性，将共同持股时间为 5 年及以上个人或组织，以及任职时间为 5 年及以上的高管或董事会成员定义为泛家族成员。相应的评价指标设计及说明如表 7.7 所示。

表7.7 上市家族企业控股股东社会资本控制的评价指标设计及说明

控制层次	指标定义	计算公式	指标说明
对股东大会的控制（VC）	是否存在家族成员共同持股 VC_1	是取值为1，否则取值为0	家族成员共同持股是家族企业的重要特征，是控股股东获得投票表决权的基础
	前十大股东中的泛家族成员持股比例 VC_2	前十大股东中持股时间为5年及以上的其他股东持股比例之和	稳定的共同持股关系有利于加强交流，促进相互之间的利益协同，有利于控股股东在股东大会中获得支持
对董事会的控制（DC）	董事长是否由控制性家族成员担任 DC_1	是取值为1，否则取值为0	董事长是控股股东把控董事会的关键，控制性家族成员担任董事长在很大程度上体现企业的家族性
	家族成员董事比例 DC_2	家族成员董事人数/董事会规模	委派董事是控股股东控制董事会的最直接的体现，也是控股股东利用家族社会资本的体现
	董事会的泛家族成员比例 DC_3	任职时间为5年及以上的董事人数/董事会规模	董事会成员任职稳定性体现了控股股东对其信任程度，控股股东越信任，董事的任职越稳定，他们之间积累的社会资本越丰富
对管理层的控制（MC）	总经理是否由控制性家族成员担任 MC_1	是取值为1，否则取值为0	控制性家族成员担任总经理等关键职位，体现控制性家族参与企业管理的程度，也是控股股东控制经理层的重要手段
	家族成员占执行层高管比例 MC_2	家族成员位于执行层高管人数/高管总人数	家族成员担任高管是控股股东控制经理层的最直接体现，是控股股东利用家族社会资本的的体现
	高管中泛家族成员比例 MC_3	任职时间为5年及以上的高管人数/高管总人数	高管成员的任职稳定体现了控股股东对其的信任程度，控股股东越信任，高管的任职越稳定，他们之间积累的社会资本越丰富

注：高管主要是指公司年度报告中公布的高管人员，主要包括董事会成员、经理人员以及监事会成员等。

7.4.3 社会资本控制指数的计算过程

7.4.3.1 社会资本控制评价指标的描述性统计

如表7.8所示为控股股东社会资本控制变量的描述性统计分析表。对样本上市家族企业而言，有68.9%样本公司存在家族成员共同持股，60.8%的上市家族企业存在泛家族成员持股，泛家族成员的平均持股比例为6.059%。董事会控制变量的特征值表明，有78.4%的样本公司的董事长由控制性家族成员担任，家族成员担任董事的平均比例为22.6%，泛家族成员关系董事的平均占比为51.2%。我国上市家族企业对经理层的控制也比较明显，有39.1%的上市公司的总经理由控制性家族成员担任，家族成员担任执行高管的平均比例为15.9%，泛家族成员高管的平均占比为46.8%。由董事长和总经理任职情况表明，我国上市家族企业的控制性家族更偏好于对决策剩余权的掌控，在经营管理权上对家族成员以外人员的开放程度更大。

表7.8　上市家族企业控股股东社会资本控制变量的描述性统计

变量	均值	中位数	最大值	最小值	标准差
VC_1	0.698	0.000	1.000	0.000	0.512
VC_2	0.608	1.000	1.000	0.000	0.4168
DC_1	0.784	1.000	1.000	0.000	0.489
DC_2	0.226	0.143	1.000	0.000	0.258
DC_3	0.5.2	0.382	1.000	0.000	0.314
MC_1	0.391	0.000	1.000	0.000	0.271
MC_2	0.159	0.102	1.000	0.000	0.179
MC_3	0.468	0.345	1.000	0.000	0.275

数据来源：作者整理。

7.4.3.2 主成分分析法确定指标权重

通过统计软件SPSS 19.0对所构建的控股股东社会资本控制指标变量进行标准化处理，运用*KMO*值Bartlett的球体检验原始变量是否适合进行主成分分析，*KMO*值为0.801，介于0.5—1.0之间，可以判断原始变量之间存在相关关系，可以进行主成分分析（曹国华，2011），同Bartlett的球体检验的近似卡方值为 5014，*DF* 值为 31，相应的显著性概率 0.000 为高度显著。因此，样本家族上市公司的社会资本控制指标可以进行主成分分析。表 7.9 为主成分分析的总方差解释，根据 85% 的解释能力标准，前四大主成分的累计方差贡献率达到 85.93%，需要提取前四大主成分。

表 7.9　主成分分析的总方差解释表

主成分	初始特征值和方差解释			提取平方和载入		
	特征值	方差贡献率（%）	累计方差贡献率（%）	特征值	方差贡献率（%）	累计方差贡献率（%）
1	1.8945	25.462	25.462	1.8945	25.462	25.462
2	1.0972	22.231	47.693	1.0972	22.231	47.693
3	1.0235	20.279	67.972	1.0235	20.279	67.972
4	0.9846	17.521	85.493	0.9846	17.521	85.493
5	0.9321	6.102	91.595			
6	0.1121	5.405	97			
7	0.8710	2.501	98.501			
8	0.4190	1.499	1			

提取方法：主成分分析

表 7.10 为提取前四大成分的因子载荷矩阵[①]

根据主成分分析确定权重的原则，各原始指标在各成分上系数 = 成分矩阵载

表 7.10　为旋转的成分矩阵

	第一主成份 F_1	第二主成份 F_2	第三主成份 F_3	第四主成份 F_4
VC_1	0.317	0.866	0.843	0.078
VC_2	-0.279	0.149	0.121	0.473
DC_1	0.64	0.158	0.094	-0.618
DC_2	0.56	-0.196	-0.246	0.455
DC_3	0.162	0.251	0.334	0.404
MC_1	0.478	-0.597	0.103	0.353

① 主成份分析中提取因子是未旋转的因子载荷矩阵，只有进行因子分析时才需要对因子载荷矩阵进行旋转

续表

	第一主成份 F_1	第二主成份 F_2	第三主成份 F_3	第四主成份 F_4
MC_2	0.531	0.528	0.381	-0.034
MC_3	0.021	0.343	-0.46	0.126

提取方法：主成分分析

荷数/*SQRT*（该成分对应的初始特征值），*SQRT* 为开方函数。由此得到的五个主成分线性组合如下：

$$F_1 = 0.230VC_1 + 0.394VC_2 + 0.254DC_1 + 0.147DC_2 + 0.252DC_3 + 0.361MC_1 + 0.120MC_2 - 0.045MC_3$$

$$F_2 = 0.617VC_1 + 0.595VC_2 + 0.124DC_1 + 0.459DC_2 + 0.282DC_3 - 0.523MC_1 + 0.038MC_2 - 0.143MC_3$$

$$F_3 = 0.193VC_1 + 0.039VC_2 + 0.290DC_1 + 0.526DC_2 + 0.252DC_3 + 0.251MC_1 - 0.361MC_2 + 0.216MC_3$$

$$F_4 = 0.167VC_1 + 0.509VC_2 + 0.459DC_1 + 0.152DC_2 + 0.436DC_3 + 0.431MC_1 + 0.091MC_2 + 0.343MC_3$$

各主成分的方差贡献率可以看成是不同主成分的权重，则各主成分的权重系数=各主成分的方差贡献率/累积总方差贡献率，则有：

$$F = 0.298F_1 + 0.260F_2 + 0.237F_3 + 0.205F_4$$

进一步可以得到各指标的权重系数，并经过归一化处理后最终得到控股股东社会资本控制指标的综合评价指数的计算公式为：

$$F = 0.121VC_1 + 0.047VC_2 + 0.079DC_1 + 0.142DC_2 + 0.081DC_3 + 0.112MC_1 + 0.128MC_2 + 0.006MC_3$$

最后根据上述计算公式我们可以得到样本公司各年度的社会资本控制指数。

7.4.4 社会资本控制指数的有效性评价

根据上述指数公式，我们计算出样本上市家族企业各年度控股股东的社会资本控制指数。图 7.3 为各年度样本上市家族企业控股股东的社会资本控制指数的变化趋势图。从图中可以看出，样本期间内我国上市家族企业控股股东的社会资本控制处于一种较为稳定的状态，各年度控股股东的社会资本控制指数分布图情况变化不明显，具有较好的稳定性。根据本书第三章对家族企业社会资本形成的分析可知，社会资本是通过社会网络、信任和规范等要素产生作用，控股股东通过个人的社会网络建立社会关系，需要一定的时间过程，而且这种社会关系、网络等一旦建立，在一定时间内都可以发挥作用，即社会资本在一定时期内相对稳定。赵瑞（2012）等也通过演化博弈的方法推导出社会资本的形成过程具有一定的稳定性。由此可见，本书设计的社会资本控制指数具有一定的有效性，可以用来进行实证检验。

2012 年样本上市家族企业社会资本控制指数分布图

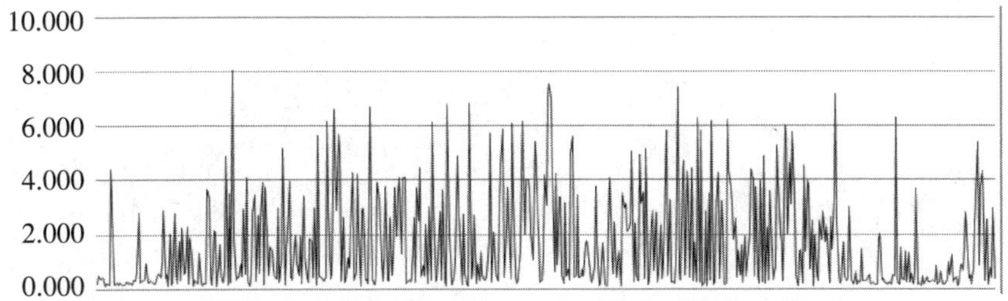

2013 年样本上市家族企业社会资本控制指数分布图

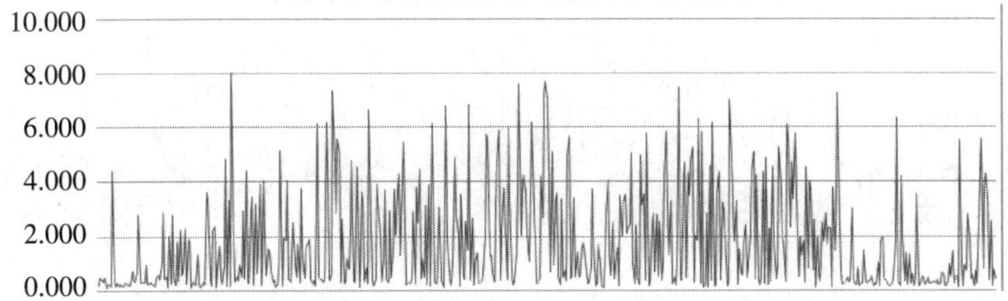

2014 年样本上市家族企业社会资本控制指数分布图

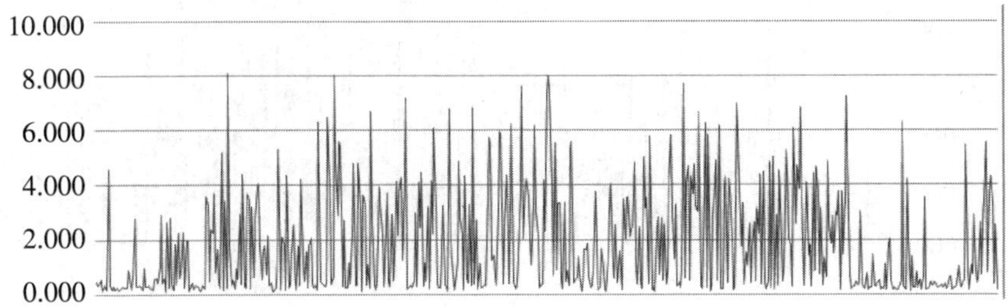

2015 年样本上市家族企业社会资本控制指数分布图

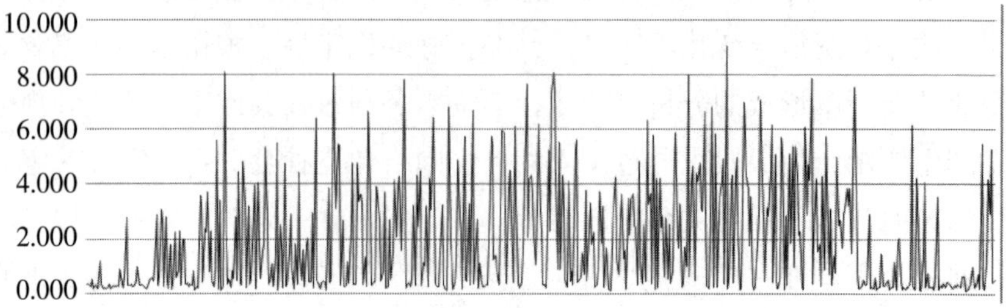

2016 年样本上市家族企业社会资本控制指数分布图

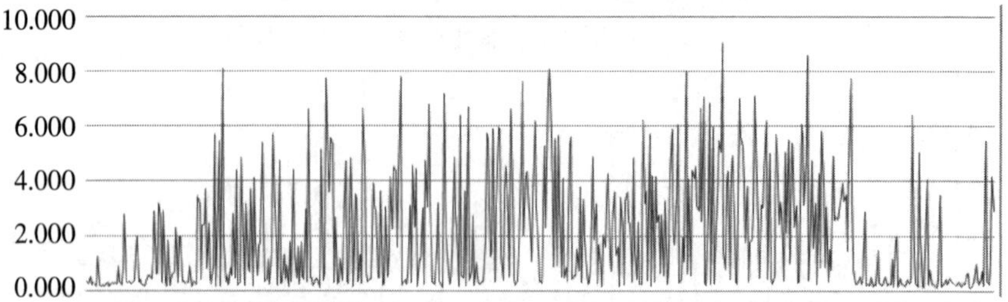

2017 年样本上市家族企业社会资本控制指数分布图

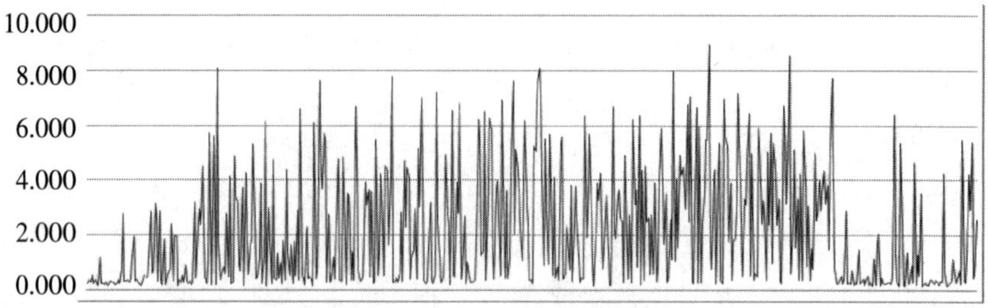

2018 年样本上市家族企业社会资本控制指数分布图

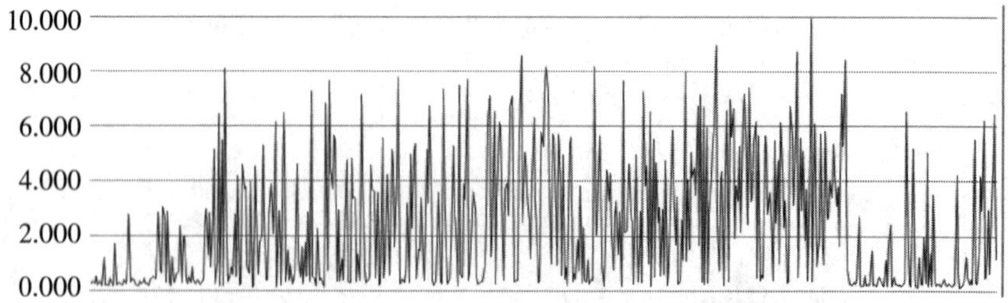

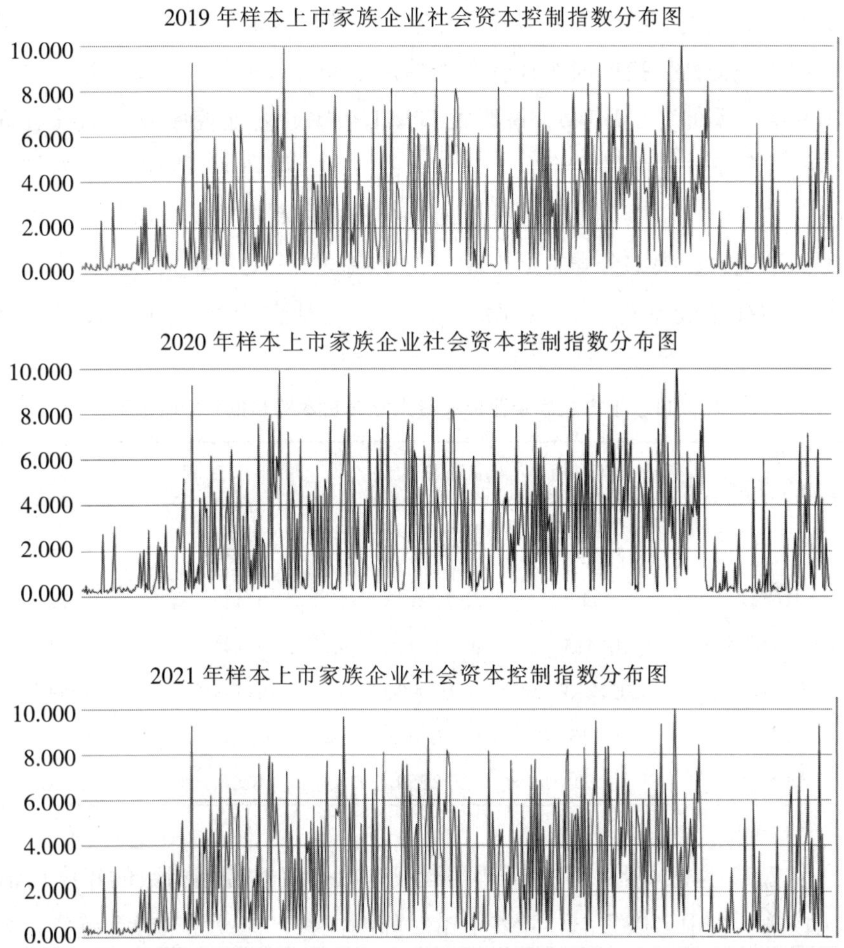

图7.3　2012—2021年样本上市家族企业社会资本控制指数趋势图

7.4.5 控股股东的社会资本控制现状分析

根据社会资本控制指数的设计思路，社会资本指数不具有实际的经济含义，是一个相对指标值。控股股东社会资本指数越大，代表控股股东社会资本控制程度越高，控股股东在企业内部可以动用的社会资本存量越丰富。从表7.11中可以看出，总体而言，控股股东对上市公司社会资本控制指数的最大值为10.415，最小值为0.1213，说明我国上市家族企业控股股东的社会资本控制程度存在较大的差异，样本公司之间控股股东社会资本存量呈现较大的不平衡性。控股股东社会资本总体控制指数的均值为2.100，中位数为1.947，标准差为2.145，说明大部分上市家族企业控股股东的社会资本控制指数偏低，总体社会资本控制指数的波动幅度较大。同样，分析控股股东对股东大会、董事会以及经理层的社会资本控制指数特征值我们可以得出类似的结论，即大部分样本上市家族企业控股股东对股东大会、董事会以及经理层的社会资本控制指数偏低，各样本间社会资本控制指数波动幅度较大。

表7.11　上市家族企业控股股东社会资本控制指数的特征值

社会资本控制层次	总体控制（*TC*）	股东大会控制（*VC*）	董事会控制（*DC*）	经理层控制（*MC*）
均值	2.100	2.653	1.434	0.376
中位数	1.947	1.2143	0.447	0.268
最大值	10.415	11.412	0.841	1.112
最小值	0.1213	0.0000	0.0000	0.0000
标准差	2.145	3.140	0.147	0.2412
样本数	8250	8250	8250	8250

资料来源：作者整理。

表7.12为样本上市家族企业控股股东社会资本控制指数的年度均值差异比较。从表中可以看出，随着上市时间的推移，控股股东对上市公司的总体社会资本控制（*TC*）年度均值呈严格的上升趋势，对股东大会的社会资本控制指标（*VC*）呈现非严格的下降趋势，对董事会（*DC*）社会资本控制呈现了较为明显的上升趋势，对经理层的社会资本控制（*MC*）指标也呈非严格的下降趋势，表明我国上市家族企业加强了对董事会层面的社会资本控制，对股权和经理层的社会资本控制在逐渐弱化。这一变化趋势表明，一方面，随着上市时间的推移，与股权控制逐渐减弱的趋势相比，我国上市家族企业逐渐加强了对上市公司的社会资本控制，这一结论在一定程度上验证了关鑫（2011）从组织惯例演化视角提出的控股股东通过加强社会资本控制逐渐弱化股权控制的相关理论。另一方面，上市家族企业强化董事会层面控

制的趋势也从一定层面上解释了董事会成为公司治理核心的演进趋势。

表 7.12　上市家族企业控股股东社会资本控制指数的年度均值差异

社会资本控制层次	总体控制（TC）	股东大会控制（VC）	董事会控制（DC）	经理层控制（MC）
2012	1.634	2.035	0.101	0.105
2013	1.731	2.021	0.101	0.102
2014	1.795	1.965	0.102	0.103
2015	1.931	1.906	0.114	0.099
2016	1.990	1.969	0.115	0.099
2017	2.099	1.882	0.108	0.095
2018	2.100	1.929	0.121	0.092
2019	2.290	1.723	0.127	0.097
2020	2.433	1.953	0.133	0.089
2021	2.503	1.970	0.138	0.087
样本数	8250	8250	8250	8250

数据来源：作者整理。

7.5 实证分析

7.5.1 研究设计

（1）研究假设

通过第四章的理论分析可知，股权控制是控制性家族控制上市公司的基础，社会资本控制是控股股东强化控制权的手段。高闯等（2008）在提出社会资本控制理论时就指出，控股股东在构建和动用社会资本控制过程中会在加强社会资本控制的同时逐步弱化股权控制，或者是说控股股东在弱化股权控制的过程中会逐步加强社会资本控制以保证自己对上市公司的实际控制权。因此，股权控制与社会资本控制之间可能存在负相关关系。赵晶等（2010）通过对草原兴发（000780）的案例研究也验证股权控制与社会资本控制之间的负相关关系。郭斌等（2012）运用组织惯例演化的方法分析上市公司控股股东的股权控制与社会资本控制之间的演化关系及其内在机理，他们的研究证明，控股股东获得上市公司的控制权后，一方面依托金字塔式的股权控结构逐步分散股权控制，另一方面依托社会关系网络逐步加强社会资本控制，最终实现对上市公司的全面控制和终极控制。基于此，本书提出如下研究假设。

假设 7.1：控股股东的股权控制与社会资本控制之间呈负相关关系。

另外，根据第四章的数理模型，还可以提出如下研究假设：

假设 7.2：上市家族企业控股股东的最终现金流权与控股股东的利益侵占之间呈负相关关系。

假设 7.3：上市家族企业控股股东的最终投票权与控股股东利益侵占之间呈正相关关系。

假设 7.4：上市家族企业控股股东的最终投票权偏离系数与控股股东的利益侵占之间呈正相关关系。

假设 7.5：上市家族企业控股股东的社会资本控制与控股股东的利益侵占之间呈正相关关系。

（2）样本选择与数据来源

本节以上述 825 家上市家族企业 2012—2021 年共 8250 个观测数据为样本，相关数据主要来源于国泰安中国民营上市公司数据库，部分最终控制人的追踪信息来自巨潮资讯网、百度等网络搜索补充。

（3）股权控制变量

股权控制变量包括最终现金流权、最终投票权以及最终投票权与现金流权偏离系数。根据 La Porta et al.（1999）的计算方法，最终现金流权（*CR*）等于最终控制人在股权结构控制链上的持股比例乘积；最终投票权（*CV*）等于最终控制人在各链条上最小持股比例之和；与前文不同，这里用最终投票权与现金流权的比值来衡量最终投票权偏离系数（*SEP*），计算公式为：$SEP = CV/CR$。

（4）社会资本控制变量

社会资本控制（*TC*）用前文所构建的社会资本控制指数表示，社会资本控制指数越大，控股股东的社会资本控制能力越强，具体公式见本章第四节。

（5）控股股东利益侵占变量

由于控股股东代理问题表现形式的多样性和利益侵占行为的隐蔽性，对控股股东代理问题严重程度的衡量是实证研究展开的难题。目前，国内外对控股股东代理问题的衡量指标主要有控制权私人收益、控股股东资金占用、股利支付率、非效率投资水平等方面。由于用控制权溢价衡量的控制权私人收益是在控制权股权转让的前提下进行的，本书所研究的样本为上市家族企业，控制权在研究期内都不会发生转移，因此不适合用此方法。为了全面考察控股股东代理问题的严重程度，也有一些研究运用 Tobin' Q 值、净资产收益率等间接替代指标来衡量控股股东代理问题的严重程度，如杨烨（2011）、魏志华等（2012），但是该类指标会受第一类代理成本等其他因素的干扰较多，本书也不予考虑。

本书在借鉴李增泉（2004）、叶康涛（2007）、Jiang et al.（2010）、杨桦（2011）、刘际陆（2012）等人的基础上，采用控股股东资金占用率（Tunnel）来衡量控股股东代理问题的严重程度。之所以选择这一指标主要基于以下三个方面的原因：①控股股东占用上市公司资金是控股股东转移上市公司资源的最直接体现，是对上市公司投资机会的剥夺。②相对于贷款担保、股权质押以及关联交易等事件的偶然性而言，控股股东占用上市公司资金是一种连续性、常态的利益侵占方式。③很多时候关联交易、定向增发等其他形式利益侵占也会伴随一定程度的资金占用，因此，资金占用也能够在一定程度上反应关联交易等其他形式的利益侵占结果。具体而言，本书用其他应收账款/总资产[①]来度量控股股东资金占用率，该指标值越大说明控股股东占用上市公司资金越多，控股股东的利益侵占强度越大。

（6）控制变量

为保证研究的可靠性，此处还设置了公司规模（*Size*）、财务杠杆（*Lev*）、

① 其他应收账款主要衡量上市公司为大股东垫付工资福利、代偿债务以及其他在没有商品和劳务对价情况下提供给大股东及其附属企业使用的资金，属非经营性资金占用，是控股股东对上市公司的一种严重利益侵占行为（李增泉，2004；石水平，2010）。

公司成长性（*Growth*）、两职合一（*Dual*）、行业虚拟变量（*Industry*）作为本研究的控制变量。各变量的说明和计算汇总如表 7.13 所示。

表 7.13　模型中各变量的符号及说明

变量符号	变量说明及计算
	Panel A 控股股东利益侵占变量
Tunnel	控股股东资金占用率，其他应收账款/总资产
	Panel B 股权控制变量
CR	最终现金流权，等于最终控制人在股权结构控制链上的持股比例的乘积
CV	最终投票权，等于最终控制人在各链条上最小持股比例之和
SEP	最终投票权与所有权偏离系数，计算公式为：*SEP* = *CV*/*CR*
	Panel C 社会资本控制变量
TC	社会资本控制指数，计算公式参见本章第 3 节的相关内容
	Panel D 控制变量
Lev	财务杠杆，期末负债/总资产
Dual	是否两职合一，当董事长和总经理兼任时取值为 1，否则取值为 0
Size	公司规模，总资产的自然对数
Growth	公司成长性，营业收入增长率
Age	上市公司成立年限
Industry	根据证监会的行业划分标准，共设置了 12 个行业虚拟变量

数据来源：作者整理。

（7）模型设计

为了验证研究假设 7.1 ，本书设计了如下多元线性回归模型来估计上市家族企业控股股东的社会资本控制与股权控制之间的关系：

$$TC_{it} = \alpha + \beta_1 CV_{it} + \beta_2 Dual_{it} + \beta_3 Lev_{it} + \beta_4 Size_{it} + \beta_5 Growth_{it} + \beta_6 Age_{it} + \beta_7 Industry_{it} + \varepsilon_{it} \quad (7.1)$$

为了验证研究假设 7.2—7.4，本书设计了如下多元线性回归模型来估计样本上市家族企业股权结构特征与控股股东利益侵占之间的关系：

$$Tunnel_{it} = \alpha + \beta_1 CR_{it} + \beta_2 Dual_{it} + \beta_3 Lev_{it} + \beta_4 Size_{it} + \beta_5 Growth_{it} + \beta_6 Age_{it} + \beta_7 Industry_{it} + \varepsilon_{it} \quad (7.2)$$

$$Tunnel_{it} = \alpha + \beta_1 CV_{it} + \beta_2 Dual_{it} + \beta_3 Lev_{it} + \beta_4 Size_{it} + \beta_5 Growth_{it} + \beta_6 Age_{it}$$

$$+\beta_7 Industry_{it} + \varepsilon_{it} \tag{7.3}$$

$$Tunnel_{it} = \alpha + \beta_1 SEP_{it} + \beta_2 Dual_{it} + \beta_3 Lev_{it} + \beta_4 Size_{it} + \beta_5 Growth_{it} + \beta_6 Age_{it} + \beta_7 Industry_{it} + \varepsilon_{it} \tag{7.4}$$

为了验证研究假设 7.5，本书设计了如下多元线性回归模型来估计样本家族上市公司控股股东社会资本控制与控股股东利益侵占之间的关系：

$$Tunnel_{it} = \alpha + \beta_1 TC_{it} + \beta_2 Dual_{it} + \beta_3 Lev_{it} + \beta_4 Size_{it} + \beta_5 Growth_{it} + \beta_6 Age_{it} + \beta_7 Industry_{it} + \varepsilon_{it} \tag{7.5}$$

最后，为了检验控股股东的社会资本控制对股权结构治理效应的影响，将研究样本按照社会资本控制指数中值进行分组，当社会资本控制指数大于中值时定义为高社会资本控制组，当社会资本控制指数小于中值时定义低社会资本控制组，然后进行分组回归检验以验证社会资本控制对股权治理效应的影响。

本书使用软件 Eviews 7.2，采用平衡面板数据的方法检验上述研究假设。在数据处理过程中对主要连续变量进行了上下 1% 的 Winsorize 处理。

7.5.2 控股股东利益侵占的描述性统计

表 7.14 为控股股东利益侵占程度的分年度统计特征值。总体而言，上市家族企业的控股股东资金占用率均值为 2.49%，最大值为 92.15%，最小值为 0，标准差为 5.97，说明样本家族上市公司中控股股东资金占用情形确实存在，且各样本之间存在较大差异。与周末等（2020）以 2007—2017 年的央企上市公司样本均值（2.2%）相比，样本上市家族企业的利益侵占问题更严重。从发展趋势来看，控股股东利益侵占水平均值在 2014—2019 年呈现了严格的下降趋势，2019—2021 年又表现为一定的上升趋势，说明控股股东行为规范、公司治理制度改革等相关制度只在一定事情发挥了公司治理作用，并未从根本上解决控股股东的利益侵占问题。这一结论与陈红（2012）、章瞬宜（2019）等的研究发现一致。

表 7.14　控股股东利益侵占程度的分年度描述性统计

年度	均值	中值	最大值	最小值	标准差	样本数
2012	2.7402	1.2416	86.7124	0.0000	4.1587	825
2013	2.8140	1.1160	70.1489	0.0000	5.9707	825
2014	2.6641	1.1615	90.3014	0.0000	5.7133	825
2015	2.4175	1.4236	86.1451	0.0004	5.6107	825
2016	2.4017	1.2174	92.1462	0.0000	4.3176	825
2017	2.3497	1.1184	84.0127	0.0002	7.1085	825
2018	2.3214	1.1479	80.1260	0.0000	6.3914	825
2019	2.2014	1.0891	79.4501	0.0000	4.0517	825
2020	2.4716	1.0416	60.3149	0.0000	6.1407	825
2021	2.5171	1.1121	46.1102	0.0017	4.1874	825
全样本	2.4898	1.2476	92.1462	0.0000	5.9741	8250

数据来源：作者整理

7.5.3 主要变量的相关性分析

表7.15为各变量之间的相关系数矩阵统计表，从表中可以看出，控股股东的股权控制（*CV*）与社会资本控制指数（*TC*）之间呈显著的负相关关系，初步验证了研究假设7.1。控股股东的最终现金流权比例（*CR*）与控股股东利益侵占之间呈负相关关系，初步验证了研究假设7.2。控股股东的最终投票权（*CV*）、两权偏离系数（*SEP*）分别与控股股东利益侵占正相关，但是不显著，假设7.3和7.4有待进一步检验。社会资本控制指数（*TC*）与控股股东利益侵占之间呈显著的正相关关系，初步验证了假设7.5。另外，资产负债率（*Lev*）、公司规模（*Size*）以及公司成长性（*Growth*）等控制变量之间的相关关系也与预期一致。

表 7.15 各变量之间的相关系数矩阵表

	Tunnel	*CR*	*CV*	*SEP*	*TC*	*Lev*	*Dual*	*Size*
CR	-6.570							
	(0.001)							
CV	-7.071	191.520						
	(0.542)	(0.000)						
SEP	0.501	-37.615	35.972					
	(0.656)	(0.000)	(0.000)					
TC	0.331	-1.961	-2.826	-0.865				
	(0.052)	(0.000)	(0.000)	(0.000)				
Lev	6.498	0.968	1.817	0.84.851	1.709			
	(0.000)	(0.323)	(0.063)	(0.127)	(0.839)			
Dual	-0.051	0.347	-0.030	-0.377	0.052	3.115		
	(0.380)	(0.012)	(0.830)	(0.000)	(0.000)	(0.275)		
Size	-1.557	0.510	2.744	2.234	-0.066	-67.850	-0.067	
	(0.000)	(0.145)	(0.000)	(0.000)	(0.027)	(0.000)	(0.000)	
Growth	-2.003	16.588	22.947	6.359	-0.492	8.146	-0.231	-0.144
	(0.702)	(0.186)	(0.066)	(0.370)	(0.647)	(0.975)	(0.527)	(0.876)
Age	0.2427	-0.1478	14.2010	55.0177	12.4068	0.1340	0.1745	12.4501
	(0.2314)	(0.1401)	(0.1748)	(0.0144)	(0.0110)	(0.1042)	(0.0362)	(0.000)

注：括号中的数据为 P 值。

7.5.4 股权控制与社会资本控制

根据 Hausman 检验结果，模型 7.1 应选择个体固定效应模型，回归结果如表7.16 所示，模型的 F 值和调整 R^2 值均较好，说明所设计的模型能够对所提出的研究假设做出良好的解释。

从模型 7.1 中可以看出，样本家族上市公司控股股东的股权控制（*CV*）与社会资本控制（*TC*）之间呈显著的负相关关系，当股权控制较弱时社会资本控制较强，假设 7.1 得到验证。这一研究结论说明，近年来尽管我国家族上市公司控股股东通过股票减持、定向增发等方式弱化了对上市公司的股权控制，但是对上市公司的实际控制能力并没有减弱，控股股东仍然能够牢牢掌控上市公司的经营管理权。这一研究结论也说明为什么股票减持、定向增发等稀释控股股东股权控制的股票市场操作行为能够成为股权分置改革后上市公司控股股东套取资金、掏空上市公司的手段之一。另外，模型中企业规模与控股股东的社会资本控制呈显著的正相关关系，随着企业规模增大，控股股东倾向于利用社会资本控制上市公司。样本家族上市公司控股股东控制上市公司的年限与社会资本控制显著正相关，随着控制时间的增加，控股股东的社会资本控制能力逐渐增强。

表 7.16　控股股东的股权结构与社会资本的关系检验（*TC* 为被解释变量）

变量	相关系数	*T* 检验值	显著性检验
CV	-0.3614	-5.0141	0.0000
Lev	-0.5581	-2.4169	0.0040
Dual	0.7418	0.6417	0.5191
Size	12.4891	9.6129	0.0000
Growth	2.3140	2.0554	0.0317
Age	0.0210	3.3682	0.0212
Industry		控制	
F 统计量			
调整 R^2			

7.5.5 股权结构与控股股东利益侵占

表 7.17 报告了股权结构特征变量与控股股东利益侵占之间的多元回归分析结果。模型中第（1）列是被解释变量为利益侵占变量 *Tunnel*，第（2）列为应收款项/总资产作为替代变量的稳健性检验分析结果。

模型 7.2 对最终现金流权与控股股东利益侵占的关系进行检验。检验结果显 示，最终现金流权（*CR*）与控股股东利益侵占强度（*Tunnel*）之间呈显著的负相关关系，随着现金流权的增加，控股股东利益侵占强度减小，现金流权主要表现出利益协同效应，能在一定程度上抑制控股股东利益侵占，假设7.2得到验证。这一结论与石水平（2012）、陈红（2013）等的研究结论不一致，造成差异的可能原因在于我国家族上市公司控股股东的最终现金流权比例相对较低（均值为25.180%），最终现金流权比例还没有足够高至产生利益侵占效应的水平。如冯旭南（2011）的研究结论认为，控股股东的最终现金流权高于44.56%时才表现出利益侵占效应，而本书的研究样本中最终现金流权比例高于这一数值的样本数仅为7.9%，大部分样本的现金流权都处于利益协同效应区间内。因此，这一研究结论与现有研究结论并不矛盾。

模型7.3用来检验控股股东的最终投票权（*CV*）与控股股东利益侵占显著的负相关关系，研究假设7.3被证伪。值得注意的是此处的最终投票权代表的是控股股东对上市公司的股权控制权，并不能代表控股股东对上市公司的实际控制权，这一研究结论从反面证明了本书的理论分析结论，即股权控制并不能够诠释控股股东对上市公司实际控制权的全部。

模型7.4用来检验控股股东的最终投票权与最终现金流偏离系数与控股股东利益侵占（*Tunnel*）之间的关系，检验结果显示，最终投票权与最终投票权偏离系数（*SEP*）与控股股东利益侵占（*Tunnel*）之间呈正相关，但是回归系数不显著，说明最终投票权和最终投票权偏离系数对控股股东利益侵占的影响作用有限，假设7.4没有得到验证。这一结论说明，以最终投票权来衡量的控制权偏离系数不能完全解释控股股东实施利益侵占的行为动机，需要引入社会资本控制的影响，才能够更为全面地解释控股股东代理问题的产生。由于目前阶段无法找到合适的指标来衡量控股股东的真实控制权，所以无法通过实证数据检验真实控制权偏离程度对控股股东利益侵占的影响，期待后续能够完善这方面的研究。

表 7. 17　股权结构、社会资本控制与控股股东利益侵占

		Tunnel					
被解释变量		模型（7. 2）		模型（7. 3）		模型（7. 4）	
		(1)	(2)	(1)	(2)	(1)	(2)
解释变量	CR	-0. 0172 * * * (-4. 5435)	-0. 0584 * * * (-3. 3272)				
	CV			-0. 0804 * * * (-4. 6612)	-0. 0162 * * (3. 1265)		
	SEP					-0. 0412 (-1. 8415)	-0. 0584 (-1. 0656)
控制变量	Lev	0. 0080 (0. 8596)	-0. 2448 * * * (-5. 7341)	-0. 2429 * * * (-5. 7069)	-0. 2486 * * * (-5. 8095)	-0. 2503 * * * (-5. 8560)	-0. 2437 * * * (-5. 7328)
	Dual	0. 0501 (0. 6049)	0. 1004 (0. 2661)	0. 1125 (0. 2990)	0. 1252 (0. 3307)	0. 1134 (0. 3000)	0. 0928 (0. 2470)
	Size	0. 2372 * * * (3. 4034)	-2. 6737 * * * (-8. 4269)	-2. 6303 * * * (-8. 3170)	-2. 6401 * * * (-8. 3014)	-2. 6967 * * * (-8. 4667)	-2. 699 * * * (-8. 0337)
	Growth	-0. 0226 (-0. 3776)	0. 8521 * * * (3. 1090)	0. 8342 * * * (3. 0637)	0. 7554 * * * (2. 7629)	0. 7639 * * * (2. 7990)	0. 8135 * * * (2. 9905)
	Age	0. 2427 (0. 1405)	-0. 1478 (-4. 1280)	14. 2010 (2. 147)	2. 1479 (1. 0542)	12. 4068 (0. 1432)	0. 1341 (1. 4201)
	Industry	控制	控制	控制	控制	控制	控制
F 统计量		5. 6491	7. 2142	7. 2802	7. 1456	7. 1794	7. 2927
调整 R^2		0. 4454	0. 5177	0. 5203	0. 5149	0. 5163	0. 5221

注：括号内为 t 值，* * * 、* * 和 * 分别表示统计量在 1%、5% 和 10% 的显著性水平上显著。

7. 5. 6 股权结构、社会资本控制与控股股东利益侵占

表 7. 18 报告了样本家族上市公司控股股东的社会资本控制对控股股东利益侵占以及社会资本控制对股权治理效应的调节作用的回归分析结果。

模型 7. 5 对社会资本控制的作用进行检验。检验结果显示，控股股东的社会资本控制指数（*TC*）与控股股东利益侵占（*Tunnel*）之间呈显著的正相关关系，显著性水平为 1%。说明随着控股股东社会资本控制能力的增加，控股股东能够更为便利地侵占上市公司的资产，利益侵占问题更为严重，假设 7. 5 得到验证。

通过与模型7.2—7.4的对比分析，本书认为股权结构与社会资本控制的共同作用才是影响控股股东利益侵占行为能力的因素，在社会资本控制的影响下被进一步加强的实际控制权偏离才是导致控股股东代理问题产生的根本原因。这一研究结论有效地验证了本书的相关理论。

分组回归分析显示，高社会资本控制组模型的调整 R^2 与低社会资本控制组的调整 R^2 存在较大差异，说明社会资本控制的调节效应显著。在高社会资本控制组，家族上市公司控股股东的最终现金流权比例与控股股东利益侵占的相关系数显著性低于低社会资本控制组，说明社会资本控制对控股股东的利益侵占效应具有显著的负向调节效应，社会资本控制的存在会显著弱化控股股东现金流权的治理效应。

表7.18　上市家族企业控股股东社会资本控制与利益侵占

被解释变量		*Tunnel*					
		模型（7.5）		高社会资本控制组		低社会资本控制组	
		（1）	（2）	（1）	（2）	（1）	（2）
解释变量	*CR*			−0.0021* (−1.9412)	−0.0172** (−1.0421)	−0.0714** (−3.6124)	−0.0730* (−1.5241)
	TC	0.0194** (3.1246)	0.0214** (2.5914)				
控制变量	*Lev*	−0.2146*** (−6.2541)	−0.2148*** (−4.0175)	−0.2129*** (−5.7069)	−0.2186*** (−4.1247)	−0.2103*** (−4.0124)	−0.2137*** (−5.1437)
	Dual	0.0642 (0.0249)	0.2214 (0.0123)	0.2146 (0.0147)	0.1467 (0.0142)	0.1947 (0.0214)	0.1647 (0.0211)
	Size	−3.2372*** (−3.4034)	−3.6737*** (−3.4269)	−3.6303*** (−3.3170)	−3.6401*** (−3.3014)	−3.6967*** (−3.4667)	−3.6990*** (−3.0337)
	Growth	1.0226** (0.3776)	1.8521*** (3.1090)	1.8342*** (3.0637)	1.7554*** (2.7629)	1.7639*** (2.7990)	1.8135*** (2.9905)
	Age	0.2427 (2.1405)	−0.1478** (−4.1280)	14.2010** (2.147)	2.1479* (1.0542)	12.4068 (0.1432)	0.1341 (0.4201)
	Industry	控制	控制	控制	控制	控制	控制
F 统计量		7.6014	12.8991	6.2147	7.4251	6.3148	14.9214
调整 R^2		0.3214	0.2145	0.1924	0.1834	0.30343	0.3147

注：括号内为 *t* 值，***、**和*分别表示统计量在1%、5%和10%的显著性水平上显著。

另外，各模型中控制变量对控股股东利益侵占的影响基本与预期一致。

资产负债率（*Lev*）与控股股东利益侵占显著负相关，说明债权人对我国家族上市公司的控股股东利益侵占具有一定的制衡作用。公司规模（*Size*）与控股股东利益侵占显著负相关，说明公司规模越大，控股股东越不会选择资金占用的利益侵占方式。公司成长性（*Growth*）与控股股东资金占用显著正相关，说明资金占用的 部分原因是由于公司业务增长所致。董事长和总经理是否两职合一（*Dual*）与控股股东利益侵占之间无显著相关关系，说明总经理的声誉机制对控股股东利益侵占行为并未发挥有效的治理功能。控股股东控制上市公司的年限（*Age*）与控股股东利益侵占显著正相关，说明随着上市时间的推移，控股股东更倾向于实施利益侵占。

除了上述替换控股股东利益侵占变量的稳健性检验之外，本书还采用了以下 两种方法进行了稳健性检验：一是根据上市公司所在地将样本分为东部、中部以及西部三个子样本，然后进行分组检验，上述主要研究结论依然成立；二是对样本进行分年度截面回归，大部分年份的回归结果显示本书的研究结论成立。

7.5.7 稳健性检验

此处采用以下三种方法进行了稳健性检验：一是对被解释变量进行替换，参照 Jiang（2010）、周末等（2020）的研究方法，分别用其他应收账款/总资产、关联交易中的资金占用率两个指标来替代本书中的资金占用率指标（*Tunnel*），回归结果显示，上述研究结论仍然成立；二是根据上市公司所在地将样本分为东部、中部以及西部三个子样本，然后进行分组检验，回归结果显示，上述主要研究结论依然成立；三是对样本进行分年度截面回归，大部分年份的回归结果显示本书的研究结论成立。

7.6 本章小结

本章运用 825 家上市家族企业 2012—2021 年共 8250 个观测数据对控股股东的股权控制、社会资本控制及其与控股股东代理问题之间的关系进行了实证分析，通过分析得出以下研究结论。

第一，我国上市家族企业的最终所有权结构相对分散，相对于全部上市公司而言，控制性家族所拥有的最终控制权和最终现金流权比例较低，控制性家族只需少量的现金流权就能够获得对上市家族企业的全部控制权，最终投票权与最终现金流权的偏离程度较大，控制性家族倾向构建复杂的金字塔结构来强化股权控制。最终所有权结构变量的年度变化趋势显示，随着上市时间的推移，我国上市家族企业控股股东对上市公司的股权控制呈逐渐减弱的趋势。

第二，通过构建我国上市家族企业控股股东社会控制指数，我们发现，整体而言，上市家族企业的社会资本控制指数偏低，各公司之间的社会资本控制程度呈现较大差异。但是，与股权控制逐渐减弱形成对比，随着上市时间的推移，我国上市家族企业控股股东的社会资本控制呈逐渐上升的趋势。

第三，上市家族企业控股股东的股权控制（*CV*）与社会资本控制（*TC*）之间呈显著的负相关关系，即上市家族企业的控股股东在通过股票减持等方式套取资金、弱化股权控制的同时，会逐步加强社会资本控制以保证对上市公司的实际控制权。这也能够在一定程度上解释了为什么控股股东的股票减持行为并没有影响控股股东对上市公司的实际控制能力，控股股东操纵的关联交易、资金占用等现象依然严重的事实。

第四，对我国上市家族企业而言，控股股东的最终现金流权（*CR*）与控股股东利益侵占之间呈显著的负相关关系，现金流权主要表现出利益协同效应，能够显著抑制控股股东的利益侵占行为。但是，控股股东最终投票权偏离系数（*SEP*）对控股股东的利益侵占行为无显著性影响，说明基于股权控制链的分析无法完全解释控股股东代理问题的产生。

第五，社会资本控制（*TC*）与控股股东的利益侵占行为呈显著的正相关关系。控股股东对上市公司的社会资本控制程度越大，越有利于控股股东实施利益侵占，控股股东代理问题越严重。另外，进一步的分析显示，控股股东的社会资本控制对控股股东的利益协同效应产生负面影响，即控股股东的社会资本控制弱化了控股股东的利益协同效应，强化了控股股东的利益侵占行为倾向，可能导致更为严重的控股股东代理问题。

这些研究结论有效地验证本书运用社会资本理论来分析控股股东代理问题的观点，也就是说，只有将社会资本因素纳入考虑范围，才能更为全面、更为清晰地解释控股股东代理问题的产生。

第8章　社会资本、控股股东利益侵占与公司治理的有效性

通过前文分析，我们已经证实了上市家族企业控股股东的社会资本（社会资本控制）对控股股东利益侵占行为具有显著性影响。那么在社会资本因素的影响下，公司治理机制的有效性又会受到怎么样的影响，是否如本书第四章中理论分析中所述，控股股东的社会资本会弱化公司治理机制的作用？接下来，本书将对社会资本、控股股东利益侵占以及公司治理的有效性进行实证分析，为控股股东代理问题的治理提供经验启示。

8.1 公司治理与控股股东利益侵占

8.1.1 研究假设

（1）外部治理机制与控股股东利益侵占

现有大量研究表明，法律监管、制度环境等外部治理机制对控股股东代理行为产生显著性影响。法律监管作为其中最重要的外部治理机制能够有效约束控股股东股东的利益侵占行为（La Porta et al. 1997，1998）。刘峰等（2004）的研究认为，法律风险是约束控股股东实施利益侵占的主要影响因素，特别在法律对中小股东保护机制比较健全的情况下，中小股东利益受损后能够通过法律手段追回部分损失，同时监管当局会给控股股东施加惩罚时，法律监管的作用更为明显。王鹏（2006）研究发现，法律监管较好、投资者保护水平较高地区的上市公司越少发生控股股东占用资金的行为。郑国坚（2011）研究发现，地区市场化改革进程对控股股东基于关联交易的

利益侵占行为产生重要影响，市场化改革进程能够有效缓解控股股东利益侵占行为带来的经济后果。连燕玲等（2012）从外部环境动态变化的角度出发，研究认为经济危机中大股东的监管意识增强，控股股东利益侵占行为较少发现。同时，贺建刚等（2019）运用案例分析的方法研究认为对中小投资者的法律保护较弱，是我国上市公司控股股东滥用控制权谋取私利的重要原因。由此可见，现有研究一致认为法律监管是控股股东代理问题治理的有效机制。因此，提出如下研究假设：

假设8.1：法律监管作为一种外部治理机制可以有效地抑制控股股东的利益侵占行为。

除了法律监管之外，外部审计也被认为是一种重要的外部治理机制。Wang et al.（2005）研究认为，上市公司外部审计的有效性能够显著抑制控股股东的掏空行为，是一种有效的外部治理机制。罗琦（2020）的研究认为，信息披露质量对控股股东的资金占用行为产生重要影响，一般而言，信息披露质量高的公司倾向选择信用评价高的会计师事务所，质量高的会计师事务所又能进一步减少控股股东的资金占用。田利辉等（2018）认为，审计师的审计意见能够在一定程度上约束控股股东行为，当控股股东占款较为严重时，审计师越有可能出具非标准审计意见。然而，也有研究认为外部审计对我国上市公司的监管作用不大。岳衡（2006）的研究发现，即使审计师出具了非标准的审计意见，上市公司仍然可能存在严重的资金占用情形。窦欢和陆正飞等（2017）的研究则认为，控股股东资金占用越严重的上市公司，为了掩饰其利益侵占行为，越有可能选择高质量的外部审计师，控股股东与审计师之间可能存在某种意义上的合谋，外部审计的监管作用有限。

根据上述研究，理论上高质量的外部审计师为了维护自身的声誉、控制审计风险，会减少与控股股东或管理层之间的合谋，对控股股东侵占中小股东的利益行为进行监督。但是，我国外部审计在很大程度上都受控股股东或政府监管部门的干扰，很难保持真正的独立性，外部审计的监管作用有限。

基于上述分析，提出如下研究假设。

假设8.2：外部审计作为一种外部治理机制可以在一定程度上抑制控股股东的利益侵占行为，但监管作用有限。

（2）内部治理机制与控股股东利益侵占

传统的公司治理文献研究认为，公司内部治理机制包括股权结构、董事会与高管激励。与法律监管得出的研究结论不同，关于公司内部治理机制的有效性结论存在较大的争议，不具有一致性。

控股股东利益侵占行为被提出来就是基于股权结构的研究，因此，股权结构被认为是影响大股东利益侵占动机和行为能力的重要因素。控股股东持股比例等股权结构变量的治理效应在本书第五章已经得到实证检验，此处就不再赘述。

在股权结构方面，其他股东的制衡被认为是抑制控股股东利益侵占行为的另一种治理机制。La Porta et al.（1999）认为具有制衡能力的股东可以对控股股东实施有效的监督与威胁，会抑制控股股东的利益侵占行为。石水平和邵梦姝（2015）指出，股权制衡能力与股权分布的平均性正相关，股权制衡能够显著影响公司的权力配置，是一种有效的内部治理机制。姜付秀等（2017）通过对上市公司关联交易行为的考察发现，股权制衡能够有效抑制控股股东关联交易。薛皓（2009）通过对上市公司会计信息质量考察，认为股权制衡对上市公司的会计信息质量具有显著性影响，是一种有效的公司治理机制。也有学者发现，股权制衡的作用并不显著，张汉楠等（2019）的研究认为，当存在制衡性的大股东时，上市公司更有可能形成大股东间的合谋，公司治理问题更严重。赵旭东（2021）、祝继高等（2021）通过对上市公司金字塔结构的考察得出结论认为，股权制衡不仅对控股股东的利益侵占产生重要影响，还会强化金字塔结构（层级、链条数、两权分离程度）对控股股东利益侵占行为的影响。

基于上述分析，提出如下研究假设：

假设 8. 3a：股权制衡能够有效抑制控股股东的利益侵占行为。

假设 8. 3b：股权制衡无法有效抑制控股股东的利益侵占行为。

传统的公司治理理论认为，董事会在公司治理中发挥着核心作用，是最重要的内部治理机制（Fama & Jensen，1983）。Beasley（1996）认为，独立董事或外部董事对公司管理层的监督是董事会治理机制的核心，独立董事或外部董事比例越高，代表董事会被内部人（控股股东或管理层）控制的可能性越小。特别是控股股东代理问题被系统地提出之后，独立董事被视为中小股东的代表，被赋予了监督控股股东、保护中小股东利益的义务和职能。吴楚香和孙莉（2019）研究认为，在我国，独立董事主要通过对董事会议案提出异议来遏制控股股东对中小股东利益的侵占。张军华（2020）则认为，独立董事主要通过征集中小股东的投票权来发挥监督大股东行为的作用。但更多的研究认为，董事会不是被控股股东所控制就是被管理层控制，很多时候独立董事的设置只是为满足监管要求，并未发挥有效的监督作用（唐清泉等，2005；侯丽等，2021；吴建祥和李秉祥等，2019；何瑛等，2022）。

基于上述分析，提出如下研究假设。

假设 8. 4a：独立董事能够有效抑制控股股东的利益侵占行为。

假设 8. 4b：独立董事无法有效抑制控股股东的利益侵占行为。

高管激励作为一种解决管理层代理问题的重要机制，主要被定位于解决第一类代理问题。袁广达等（2021）的研究认为，高管激励能够有效缓解管理层与股东之间的代理冲突，抑制上市公司的非效率投资行为，提升公司价值。徐宁等（2014）研究发现，高管持股能够显著降低第一类代理成本，并通过降低第一类代理成本对民营中小企业的成长性产生重要影响。贺云龙和黄欣等（2021）研究认为，当管理层拥有股权激励时，管理层与控股股东合谋的概率会下降，可以在一定程度上抑制控股股东的利益侵占行为。也有学者得出相反的研究结论，认为高管持股可能对公司治理产生负面影响，如黄孝武和陈树文等（2022）从盈余管理角度研究发现，我国上市公司的高管持股具有负向的公司治理效应。针对这种研究结论的不一致性，大部分学者认为主要原因在于以下两个方面：一是由于公司治理体系和制度建设的缺陷导致股权激励等治理机制难以发挥治理效应；二是同股权制衡、董事会治理一样，高管持股在很多时候也与控股股东密切相关。

基于上述分析，提出如下研究假设。

假设 8. 5a：高管持股能够有效抑制控股股东的利益侵占行为。

假设 8. 5b：高管持股无法有效抑制控股股东的利益侵占行为。

8.1.2 研究设计

（1）研究样本和数据

此处以第五章中的825家上市家族企业2012—2021年共8250个观测数据为研究样本，相关数据来源于国泰安中国上市公司数据库、锐思数据库和同花顺金融终端数据库，部分最终控制人信息来自巨潮资讯网、百度等网络搜索补充。

（2）变量选择与模型设定

对控股股东利益侵占（*Tunnel*）变量的选择本章仍然沿用第五章实证分析中变量选择方法，采用控股股东的资金占用率作为衡量控股股东利益侵占程度的变量，具体计算公式为其他应收账款/总资产。

参照夏立军和方铁强（2005）、贺建刚（2010）、郑国坚（2013）、符号亮（2021）等的研究方法，分别采用法律监管（*Law*）和外部审计（*Big*10）作为外部治理机制变量。法律监管（*Law*）采用樊纲和王小鲁编制的《中国分省企业经营环境指数2013年报告》中的政府行政管理指数和企业经营的法制环境指数①的综合作为衡量指标。外部审计通用的做法是采用上市公司是否聘用国际四大会计师事务所②为审计机构作为衡量指标，我们针对研究样本的特点进行了修正，采用是否聘用国内十大会计师事务所（*Big*10）作为衡量指标。

公司内部治理变量分别以股权制衡（*Balance*）、独立董事（*Indirector*）、股权激励（*EI*）来衡量。其中股权制衡（*Balance*）等于第二至第五大股东持股比例之和；独立董事用独立董事的比例（*Indirector*）；高管持股（*EI*）用上市公司高管的持股比例之和来衡量。

为了保证研究的可靠性，此处还设置了公司规模（*Size*）、财务杠杆

① 该报告是通过问卷调查形成的数据，政府行政管理指数构成指标有政府的公开、公平和公正，行政效率，减少不必要的干预以及政府廉治；法制环境指数包括司法公正与效率、经营者权益保护两个指标。

② 2014年度中国十大会计师事务所分别为：普华永道（PWC）、德勤（DTT）、毕马威（KPMG）和安永（EY）、立信、瑞华、天健、信永中和、大信、大华。

（*Lev*）、公司成长性（*Growth*）、两职合一（*Dual*）、行业（*Industry*）、上市年限（*Year*）等变量作为本研究的控制变量。

为了验证假设6.1—6.5，我们设计了以下回归模型进行检验。

$$Tunnel_{it} = \alpha + \beta_1 Cor_{it} + \beta_2 Lev_{it} + \beta_3 Size_{it} + \beta_4 Growth_{it} + \beta_5 Dual_{it} + \beta_6 Industry_{it} + \beta_7 Year_{it} + \varepsilon_{it}$$

其中，*Cor* 是指公司治理机制变量，包括外部治理（*Law*，*big*10）和内部治理（*Blance*、*Indirector*1*EI*）两个方面。

模型中各变量的定义及具体计算方式如表8.1所示。

表8.1 模型中变量定义表

变量符号	变量说明及计算
	Panel A 控股股东利益侵占变量
Tunnel	控股股东资金占用率，其他应收账款/总资产
	Panel B 公司治理变量
Law	法律监管，采用樊纲和王小鲁编制的《中国分省企业经营环境指数2013年报告》中各省份的政府行政管理指数和企业经营的法制环境指数进行加权平均得到本书的法制监管指数
*Big*4	外部审计机构，是否聘请国内十大会计师事务所，是取值为1，否取值为0
Balance	股权制衡，第二至第五大股东的持股比例之和
Indirector	独立董事比例，独立董事人数/董事会人数
EI	高管持股，上市公司高管的持股比例之和
	PanelC 控制变量
Lev	期末负债/总资产
Size	总资产的自然对数
Growth	营业收入增长率
Dual	是否两职合一，当董事长和总经理兼任时取值为1，否则取值为0
Age	上市公司的上市年限
Industry	根据证监会的行业划分标准，共设置了12个行业虚拟变量

资料来源：作者整理。

8.1.3 公司治理变量的描述性统计分析

此处主要对公司治理变量进行描述性统计分析。如表 8.2 所示，样本上市家族企业法律监管水平均值为 3.6214，中位数为 3.1481，说明我国大部分上市家族企业处于法律监管水平较高地区，法律监管水平对上市公司的发展产生重要影响。样本上市家族企业中约有 51.74% 的公司选择聘任国内十大会计师事务所作为审计机构。样本上市家族企业的股权制衡系数均值为 14.1570，具有较高的股权制衡度，可能原因在于我国上市家族企业控股股东持股比例普遍偏低，其他股东很容易对其形成股权制衡，但是股权制衡能不能有效发挥作用，还有待进一步验证。独立董事比例均值约为 0.4158，略高于证监会要求的独立董事不少于三分之一的要求，说明大部分上市家族企业都在形式上满足了聘请独立董事的要求。样本上市家族企业高管的平均持股比例约为 2.11%，这一比值高于全体上市公司的均值 1.4% 的水平（程文迪，2023），说明相对于国有企业而言，我国上市家族企业的高管平均持股比例更高。

表 8.2　样本上市家族企业的公司治理变量描述性统计

变量	法律监管（*Law*）	外部审计（*Big*10）	股权制衡（*Balance*）	独立董事（*Indirector*）	股权激励（*EI*）
均　值	3.6214	0.5174	14.1570	0.4158	0.0211
中位数	3.1481	0.1427	13.2141	0.2814	0.0014
最大值	4.2154	1.0000	47.1254	0.7412	0.2419
最小值	2.0121	0.0000	0.0116	0.1429	0.0000
标准差	0.1280	0.4151	0.4076	0.0142	0.0124
偏　度	-0.7632	0.0430	0.6337	1.4102	2.7004
峰　度	4.1706	1.0018	2.8687	5.9927	11.5154
样本数	8250	8250	8250	8250	8250

资料来源：作者整理。

8.1.4 公司治理与控股股东利益侵占

同样，此处使用软件 Eviews 7.2，采用平衡面板数据的分析方法检验上述研究假设 8. 1—8. 5。根据 Hausman 检验结果，全体模型都应选择个体固定效应模型，回归结果如表 8. 3 所示，各模型的 *F* 值和调整 R^2 值均较好，说明所设计的模型能够对所提出的研究假设做出良好的解释。

模型 8. 1 和模型 8. 6 的结果显示，法律监管（*Law*）与控股股东利益侵占显著负相关，显著性水平分别为 10% 和 5%，说明法律监管作为一种外部治理机制能够有效地抑制控股股东的利益侵占，是一种有效的公司治理机制，研究假设 8. 1 得到验证。

模型 8. 2 和模型 8. 6 的结果显示，外部审计（*Big*10）与控股股东利益侵占负相关，但是统计量不显著，说明外部审计的治理功能有限，无法有效抑制控股股东的利益侵占，研究假设 8. 2 得到验证。

模型 8. 3 和模型 8. 6 的结果显示，股权制衡（*Balance*）与控股股东利益侵占在 1% 的显著性水平上显著负相关，说明股权制衡能够显著抑制控股股东的利益侵占行为，是一种有效的公司治理机制，研究假设 8. 3a 得到验证。

模型 8. 4 和模型 8. 6 的结果显示，独立董事比例（*Indirector*）与控股股东利益侵占之间无显著性的相关关系，说明独立董事比例对控股股东利益侵占行为无显著的治理效应，研究假设 8. 4b 得到验证。

模型 8. 5 和模型 8. 6 的结果显示，高管持股（*EI*）与控股股东利益侵占之间在 1% 的显著性水平上显著负相关，说明高管持股能够显著抑制控股股东的利益侵占行为，是一种有效的公司治理机制，研究假设 8. 5a 得到验证。

表 8.3 公司治理与控股股东利益侵占

被解释变量		Tunnel					
		模型（8.1）	模型（8.2）	模型（8.3）	模型（8.4）	模型（8.5）	模型（8.6）
解释变量	*Law*	-2.3348* (-1.8189)					-2.8641** (-2.2172)
	*Big*10		-0.3850 (-0.7924)				-0.3979 (-0.8181)
	Balance			-0.0609*** (-2.8829)			-0.5882*** (-2.7218)
	Indirector				2.7262 (1.1025)		2.6587 (1.0746)
	EI					-3.7755*** (-1.8201)	-2.6206*** (-2.2414)
控制变量	*Dual*	0.0945 (0.2486)	0.0918 (0.2417)	0.0255 (0.0667)	0.0869 (0.2486)	0.0703 (0.1849)	0.0409 (0.1973))
	Growth	0.7656*** (2.8032)	0.7554*** (2.7647)	0.7239*** (2.6525)	0.7623*** (2.7897)	0.7353*** (2.6909)	0.7278*** (2.6667)
	Lev	-0.2491*** (-5.8260)	-0.2507*** (-5.8851)	-0.2660*** (-6.1735)	-0.2517*** (-5.8770)	-0.2505*** (-5.8577)	-0.2692*** (-6.2443)
	Size	-2.6215*** (-8.2465)	-2.6645*** (-8.3454)	-2.8091*** (-8.7079)	-2.6565*** (-8.3492)	-2.6549*** (-8.3541)	-2.8274*** (-8.7342)
	Age	0.0050** (2.4150)	0.0048** (2.1402)	0.0049** (2.311)	0.0048** (2.4416)	0.0048** (2.1430)	0.0048* (1.9415)
	Industry	控制	控制	控制	控制	控制	控制
F 统计量		7.1671	7.1505	7.1981	7.1456	7.1671	7.2927
调整 R^2		0.3158	0.3151	0.3203	0.3149	0.3158	0.3221

注：括号内的为 *t* 检验值，***、**和*分别表示统计量在 1%、5% 和 10% 的显著性水平上显著。

8.1.5 法律监管对其他公司治理机制的调节效应

按照法律监管指数中位数为临界点将研究样本划分为强法制监管和弱法制监管两个子样本，进行分组回归检验，结果如表 8.4 所示，强法律监管组回归模型的调整 R^2 显著大于弱法律监管组的调整 R^2，说明法律监管调节效应显著。

在强法律监管组中，外部审计（*Big*10）、独立董事比例（*Indirector*）分别与控股股东的利益侵占之间显著负相关，而在弱法律监管组中，相关系数不具有显著性。这说明，只有在较强的法律监管环境下，“十大”外部审计的监管机制和内部独立董事的治理机制才能有效发挥作用。

股权制衡（*Balance*）、高管持股比例（*EI*）无论是在强法律监管组还是在弱法律监管组都与控股股东利益侵占显著负相关，但是相关系数都明显下降，即在弱法律监管组，股权制衡、高管持股比例对控股股东利益侵占的治理效应都受了影响。也就是说，较好的法律环境可以有效促进股权制衡、高管持股治理功能的发挥。这一研究结论表明，良好的法律监管环境是其他类型公司治理机制发挥治理功能的前提，法律制度建设是治理控股股东代理问题的有效举措之一。

表 8.4　法律监管的调节效应检验

		Tunnel							
		强法律监管组				弱法律监管组			
		(1)	(2)	(3)	(4)	(1)	(2)	(3)	(4)
解释变量	*Big*10	-1.1413** (-5.1247)				-0.1247 (-0.1471)			
	Balance		-0.1759** (-5.5321)				-0.0745*** (-4.8101)		
	Indirector			-0.0601*** (-3.2466)				0.5012 (0.9366)	
	EI				-2.0455* (-3.0114)				-0.9397* (-2.2146)

续表

		Tunnel							
		强法律监管组				弱法律监管组			
		(1)	(2)	(3)	(4)	(1)	(2)	(3)	(4)
控制变量	*Dual*	0.3788 (1.2486)	0.4125 (1.2417)	0.3621 (1.0667)	0.3114 (1.0241)	0.3655 (0.1849)	0.3863 (0.1973))	0.3419 (0.1785)	0.3149 (0.1244)
	Growth	0.3656*** (2.8032)	0.3572*** (2.7647)	0.3279*** (2.6525)	0.3623*** (2.7897)	0.2653*** (2.6909)	0.2678*** (2.6667)	0.2653*** (2.6909)	0.2678*** (2.6667)
	Lev	-0.0112*** (-5.1456)	-0.0507*** (-5.8014)	-0.0660*** (-6.1897)	-0.0527*** (-5.1140)	-0.0505*** (-5.0214)	-0.0692*** (-6.0403)	-0.0531*** (-5.1472)	-0.0602*** (-5.2043)
	Size	-1.6025*** (-8.2465)	-1.6451*** (-8.3454)	-1.8091*** (-8.7079)	-1.6565*** (-8.3492)	-1.6549*** (-8.3541)	-1.8274*** (-8.7342)	-1.0191*** (-8.7079)	-2.3265*** (-8.3492)
	Age	0.0050** (2.4150)	0.0048** (2.1402)	0.0049** (2.311)	0.0048** (2.4416)	0.0048** (2.1430)	0.0048* (1.9415)	0.0048** (1.8547)	0.0048** (1.0445)
	Industry	控制	控制	控制	控制	控制	控制	控制	控制
	F 统计量	5.1424	5.1555	5.6321	5.1248	5.1346	5.6947	5.1964	5.1364
	调整 R^2	0.2258	0.2251	0.2203	0.2149	0.2154	0.2221	0.2143	0.2148

注：括号内的为 *t* 检验值，***、**和*分别表示统计量在 1%、5% 和 10% 的显著性水平上显著。

8.2 社会资本对公司治理有效性的影响

根据控股股东利益侵占的数理模型的分析可知，控股股东的社会资本会通过弱化股权制衡、法律监管等公司治理机制的作用，进而对控股股东利益侵占行为产生影响。上述实证分析结果表明，在抑制控股股东利益侵占方面，不同层次的公司治理机制表现出不同的有效性，法律监管、股权制衡以及高管持股对控股股东利益侵占行为具有显著的治理效应，而外部审计与独立董事的治理功能未得到有效发挥。那么，社会资本是不是造成这种差异的原因呢？接下来，我们将进一步检验控股股东的社会资本对公司治理与控股股东利益侵占关系的影响，验证在社会资本影响下公司治理机制对控股股东代理问题治理是否有效。

同样，此处依然以 825 家上市家族企业 2012—2021 年共 8250 个观测数据为研究样本，相关数据来源于国泰安中国上市公司数据库、锐思数据库和同花顺金融终端数据库，部分最终控制人信息来自巨潮资讯网、百度等网络搜索补充。

8.2.1 研究设计

(1) 社会资本变量的衡量

前文运用主成分分析法计量了控股股东的内部社会资本，此处对控股股东的内部社会资本仍然沿用第五章中的计量方法，用社会资本控制指数 *TC* 作为衡量控股股东内部社会资本的计量指标。运用同样的计算方法，本书分别构建了控股股东的企业外部社会资本指数（*OSC*）和个体社会资本指数（*PSC*），评价指标分别如表8.5和8.6所示，具体计算过程见附录B。

表8.5　上市家族企业控股股东的外部社会资本（OSC）评价指标变量表

指标名称	定义	计算公式	指标说明
与银行的关系	前十大股东中是否有银行 X_1	是取值为1，否则取值0	前十大股东中有银行机构，说明公司与金融机构关系密切，融资能力强
	银行借款占总资产的比例 X_2	银行借款总额/总资产	该指标能够反映企业与银行之间的合作关系
与其他企业的关系	长期股权投资占总资产的比例 X_3	长期股权投资/企业总资产	长期股权投资比例高，说明企业与其他企业联合能力强，对外关系密切
与供应商的关系	前五名供应商采购比例 X_4	前五名供应商的采购金额/采购总额	该值越高，说明企业越能够获得供应商信任，从对方获取资源的能力较强
与销售商的关系	前五名客户销售比例 X_5	前五名客户的销售金额/销售总额	该值越高，说明企业能够获得客户的信任，从对方获取资源的能力强
与政府的关系	政府补贴收入 X_6	政府补贴收入的自然对数	政府补贴越多，说明企业与政府联系密切，从政府获取资源能力越强
	政治关联程度 X_7	高管中具有政治关联的人数	高管的政治关系是企业可以利用的一项重要资源

注：指标选取主要参考 Zhang & Wang（2012）、郑莹（2014）等的研究方法

表 8.6　上市家族企业控股股东个体社会资本指数（*PSC*）评价指标变量表

指标名称	定义	计算公式	指标说明
声誉	是否获得过省级以上的荣誉 Y_1	是取值为 1，否取值为 0	政府颁发的荣誉有利于企业家获得良好的社会声誉，更容易被外界所信任
社会地位	是否拥有 MBA 或 EMBA 学历 Y_2	是取值为 1，否取值为 0	MBA 或 EMBA 是近年来企业家（实际控制人）拓展社会关系网络的重要渠道
社会关系	是否具有政府关系 Y_3	是取值为 1，否取值为 0	政府关系是指曾在政府任职或具有各种政协或人大代表身份，是企业建立政府网络关系的主要形式
	是否在行业协会中任职 Y_4	是取值为 1，否取值为 0	参加行业协会能够大大拓展实际控制人社会关系网络范围，增强社会影响力，产生丰富的社会资本

注：评价指标主要参考范晔（2009）、史欣向（2012）等的研究方法。

（3）其他变量的衡量

模型中公司治理变量以及控制变量的设置与本章第一节实证分析中的一致，此处不再赘述。

（3）实证步骤

为了检验社会资本对公司治理与控股股东利益侵占关系的影响，我们通过建立引入交叉项的调节效应模型来验证社会资本对公司治理有效性的影响。

$$Tunnel_{it} = \alpha + \beta_1 SC_{it} + \beta_2 Cor_{it} + \beta_3 Cor_{it} * SC_{it} + \beta_4 Lev_{it} + \beta_5 Size_{it} + \beta_6 Growth_{it} + \beta_7 Industry_{it} + \varepsilon_{it}$$

其中，*SC* 为控股股东的社会资本变量，*Cor* 为公司治理变量。根据前文分析，如果模型中交叉项显著为负，则前文关于控股股东的社会资本会弱化公司治理的理论得到验证。

8.2.2 内部社会资本与公司治理的有效性

如表 8.7 所示，控股股东的内部社会资本（*TC*）与法律监管（*Law*）、股权制衡（*Balance*）、高管持股（*EI*）的交叉项分别在 10%、5%、10% 的显著性水平上显著为负，且法律监管、股权制衡以及高管持股的相关系数绝对值都相对下降，说明控股股东的内部社会资本对法律监管、股权制衡以及高管持股与控股股东利益侵占之间的相关关系产生负向影响。也就是说，控股股东的内部社会资本弱化了法律监管、股权制衡以及高管持股对控股股东利益侵占的治理效应。

表 8.7　控股股东内部社会资本（TC）对公司治理与控股股东利益侵占的影响

被解释变量		*Tunnel*		
		(1)	(2)	(3)
解释变量	*TC*	0.2514** (2.4249)	0.2319** (1.9604)	0.2403** (2.0322)
	TC × *Law*	-0.0674* (-1.9752)		
	TC × *Balance*		-0.0121** (1.0748)	
	TC × *EI*			-0.3316* (-1.6703)
	Law	-2.0133** (-2.0192)	-2.8132** (-2.2179)	-2.8516** (-2.2069)
	*Big*10	0.3971 (0.8171)	0.1485 (0.9094)	0.3858 (0.7927)
	Balance	-0.0613*** (-2.8357)	-0.0512*** (-1.752)	-0.0572* (-2.6322)
	Indirector	2.7371 (1.1017)	2.6192 (1.0569)	2.555 (1.0308)
	EI	-2.5104** (2.4018)	-1.9877** (0.9323)	-2.6075** (1.2350)

续表

被解释变量		Tunnel		
		(1)	(2)	(3)
控制变量	*Dual*	-0.0691 (-0.1707)	-0.0677 (-0.1778)	-0.0691 (-0.1707)
	Growth	0.7368*** (2.7012)	0.7412*** (2.7171)	0.7368*** (2.7012)
	Lev	-0.2716*** (-5.465)	-0.2717*** (-6.3038)	-0.2716*** (-5.465)
	Size	-2.8869*** (-8.8863)	-2.8947*** (-8.9047)	-2.8869*** (-8.8863)
	Industry	控制	控制	控制
F 统计量		7.1716	7.1655	7.1428
调整 R^2		0.5166	0.5188	0.5179

注：括号内的为 *t* 检验值，***、**和*分别表示统计量在1%、5%和10%的显著性水平上显著。为了消除交叉项引入后的多重共线性，我们对交叉相乘项分别做了标准化处理。

8.2.3 外部社会资本与公司治理的有效性

如表8.8所示，控股股东的企业外部社会资本（*OSC*）与法律监管（*Law*）、高管持股（*EI*）的交叉项分别在5%和10%的显著性水平下显著为负，说明外部社会资本对法律监管、高管持股具有显著的调节效应。也就是说，控股股东的外部社会资本会在一定程度上弱化法律监管、高管持股对控股股东利益侵占的治理效应。但是，外部社会资本（*OSC*）对股权制衡（*Balance*）与控股股东利益侵占之间的关系无显著性影响。

表 8.8　控股股东的外部社会资本（*OSC*）对公司治理与控股股东利益侵占的影响

被解释变量		*Tunnel*		
		(1)	(2)	(3)
解释变量	*OSC*	0.0021 (0.4409)	0.0028 (0.5024)	0.0031 (0.5223)
	OSC × *Law*	−0.6074** (−1.9752)		
	OSC × *Balance*		0.0021 (0.6427)	
	OSC × *EI*			−0.0107* (−1.6703)
	Law	−2.0743** (−2.0192)	−2.8775** (−2.2269)	−2.8726** (−2.2214)
	*Big*10	0.3971 (0.8164)	0.3958 (0.8138)	0.3967 (0.8154)
	Balance	−0.0586*** (−2.2710)	−0.0613*** (−2.7916)	−0.0588* (−2.7206)
	Indirector	2.6564 (1.0734)	2.6415 (1.0674)	2.6647 (1.0767)
	EI	−2.6159 (1.2388)	−2.5647 (1.2137)	−2.6267 (1.2517)
控制变量	*Dual*	−0.0381 (−0.1000)	−0.0314 (−0.0822)	−0.0410 (−0.1076)
	Growth	0.7247*** (2.6512)	0.7183*** (2.6277)	0.7281*** (2.6672)
	Lev	−0.2692*** (−6.2433)	−0.2698*** (−6.2557)	−0.2693*** (−6.2443)
	Size	−2.8263*** (−8.7273)	−2.8310*** (−8.7427)	−2.8289*** (−8.7330)
	Industry	控制	控制	控制
F 统计量		7.1403	7.1425	7.1402
调整 R^2		0.5178	0.5182	0.5178

注：括号内的为 *t* 检验值，***、** 和 * 分别表示统计量在 1%、5% 和 10% 的显著性水平上显著。为了消除交叉项引入后的多重共线性，我们对交叉相乘项分别做了标准化处理。

8.2.4 控股股东个体社会资本与公司治理的有效性

如表8.9所示，控股股东个体社会资本指数（*PSC*）与法律监管（*Law*）的交叉项在5%的显著性水平上显著为正，说明控股股东的个体社会资本对法律监管的治理功能具有正向调节效应，控股股东的个体社会资本越丰富，法律监管对控股股东利益侵占的约束作用越强。控股股东个体社会资本指数（*PSC*）与股权制衡（*Balance*）的交叉项在10%的显著性水平上显著为负，说明控股股东的个体社会资本会弱化股权制衡的治理效应。而控股股东的个体社会资本指数（*PSC*）与高管持股（*EI*）的交叉项系数不显著，说明控股股东个体社会资本对高管持股的治理效应无显著性影响。

表8.9 控股股东个体社会资本（PSC）对公司治理与控股股东利益侵占的影响

被解释变量		*Tunnel*		
		(1)	(2)	(3)
解释变量	*PSC*	-1.3459 (-0.8627)	-1.3313 (-0.6024)	-1.2418 (-0.5223)
	PSC×Law	0.8678** (-1.9700)		
	PSC×Balance		-0.0594* (1.6427)	
	PSC×EI			-7.0107 (-1.6703)
	Law	-2.8686** (-2.8857)	-2.8773** (-2.2269)	-2.7928** (-2.1591)
	*Big*10	0.4196 (0.8627)	0.3839 (0.7884)	0.4052 (0.8830)
	Balance	-0.0596* (-2.7597)	-0.0351* (-1.0925)	-0.0583* (-2.0206)
	Indirector	2.5736 (1.0402)	2.7169 (1.0976)	2.6801 (1.0825)
	EI	-2.4466* (1.7541)	-2.4746* (1.8137)	-2.9309** (-2.5735)

续表

被解释变量		Tunnel (1)	Tunnel (2)	Tunnel (3)
控制变量	*Dual*	-0.0529 (-0.1388)	-0.0447 (-0.1171)	-0.0364 (-0.0953)
	Growth	0.7441*** (2.7265)	0.7124*** (2.6547)	0.7288*** (2.6704)
	Lev	-0.2709*** (-6.2867)	-0.2671*** (-6.1806)	-0.2684*** (-6.2248)
	Size	-2.8589*** (-8.8251)	-2.8231*** (-8.7188)	-2.8123*** (-8.6794)
	Industry	控制	控制	控制
F 统计量		7.1425	7.1439	7.1469
调整 R^2		0.5185	0.5179	0.5181

注：括号内的为 *t* 检验值，***、**和*分别表示统计量在 1%、5% 和 10% 的显著性水平上显著。为了消除交叉项引入后的多重共线性，我们对交叉相乘项分别做了标准化处理。

上述实证结果表明，只有控股股东的内部社会资本对公司治理机制的影响符合前文的理论分析，控股股东外部社会资本、个体社会资本都只能对部分公司治理机制具有显著性影响。其次，各类社会资本都对法律监管的治理效应具有显著性影响，其中个体社会资本具有正向调节效应，说明法律监管对具有较高学历、政治身份、声誉资源背景的控股股东更具治理效应，可能原因在于这类控股股东更懂法律，会更加依据法律法规、规章制度办事，其利益侵占行为受法律监管的影响更大。

参照第 5 章的稳健性检验方法，我们分别采用了替换被解释变量、按地区分组检验的方法对本节的实证分析进行稳健性检验。根据统计检验结果，上述两个方法得出的结论，基本上都能够支持上述研究结论。

8.3 本章小结

本章运用 825 家上市家族企业 2012—2021 年公司 8250 个观测数据对社会资本、控股股东利益侵占与公司治理的有效性进行了实证检验，主要体现在以下三个方面。

首先，本章对公司治理与控股股东利益侵占之间的关系进行了实证检验，检验结果表明，不同层次的治理机制在约束控股股东利益侵占方面具有不同的治理作用，法律监管、股权制衡以及高管持股分别作为公司的外部和内部治理机制能够有效地抑制控股股东的利益侵占，而外部审计和独立董事则未能发挥有效的治理作用。

其次，本章通过分组检验的方法对法律监管的调节效应进行了实证检验，检验结果表明，法律监管环境对外审计、独立董事、股权制衡、高管持股等治理机制的治理效应具有显著的调节效应。特别是外部审计、独立董事等公司治理机制作用的发挥依赖于法律监管环境。因此，加强法律制度建设、完善公司治理环境是我国家族上市公司控股股东利益侵占行为治理的重要手段。

最后，本章就社会资本对公司治理与控股股东利益侵占关系的影响进行了实证检验，检验结果表明，不同层次的社会资本对公司治理的有效性产生不同的影响。控股股东的内部社会资本和外部社会资本对法律监管、股权制衡以及高管持股的治理效应均具有显著性的负向影响；控股股东的个体社会资本对法律监管、高管持股比例治理效应都具有显著的负向调节效应，但是对股权制衡的调节效应不明显。也就是说，本书提出的社会资本会弱化公司治理机制对控股股东利益侵占的治理效应的理论基本上得到了验证。

第 9 章　研究结论与展望

9.1 研究结论和启示

9.1.1 主要研究结论

本书以代理理论、管家理论、社会资本理论等为基础，以社会资本作为分析视角对我国家族企业的控股股东代理问题进行研究。首先，从社会资本理论出发，对我国家族企业社会资本的概念、构成、形成机制等内容进行分析和理解，并在此基础上构建控股股东的社会资本分析框架，明确控股股东社会资本的内容、特点以及构建和动用社会资本的缘由；然后，在社会资本的理论框架下对中国家族企业的控股股东代理问题进行理论分析，主要包括家族企业控股股东代理问题的产生机制、社会资本对控股股东代理行为的影响、控股股东代理问题的主要表现以及社会资本视角下控股股东代理问题产生的数理分析。最后，运用实证数据为理论分析提供经验支持。本书的主要研究结论如下：

（1）由于“家族性”的嵌入，家族企业社会资本具有双重网络性、双重物品属性以及双重外部性等特征。在充分理解企业社会资本内涵的基础上，本书将家族企业社会资本界定为：企业通过家族嵌入企业所形成的社会网络、以家族血缘、亲缘关系为基础的信任及其所形成的社会规范等机制协调企业行为，获取所需资源或某种收益的能力，企业或企业中的个体可以通过投资和利用这种资本为自己创造更多的价值。从构成方面来看，家族企业社会资本分为个体层面和组织层面两个分析层次，其中个体层面的社会资本具有私人物品属性，组织层面的社会资本具有准公共物品属性。由于“家族性”的嵌入，家族企业社会资本即具有家族网络特征又具有企业网络特征。最后，由于家族网络范围与企业网络范围的不同，家族企业的社会资本即具有正向的外部效应又具有负向的外部效应。

（2）家族企业控股股东所能动用的社会资本既包括组织层面的社会资本又包括个体层面的社会资本。在理解家族企业社会资本理论内涵的基础上，构建了控股股东社会资本分析框架，根据社会资本的跨层次性特点，我们将控股股东的社会资本分为企业内部社会资本（社会资本控制）、企业外部社会资本以及控股股东个体社会资本三种类型。控股股东的社会资本的网络连带呈以控制性家族的家族为中心的发散式结构、以家族信任和泛家族信任为主要内容、以家族愿景为主要规范等特征。我们认为控股股东构建和动用社会资本主要基于以下四个方面的原因：一是经济行为离不开“社会嵌入性”，社会资本有利于家族企业获取所需资源；二是社会资本可以增强互信，强化控制性家族对上市公司的控制；三是社会资本可以加强信息交流，便于控股股东与其他成员之间的利益协同；四是社会资本可以帮助控股股东规避监管，降低利益侵占成本。

（3）家族企业的控股股东构建和动用社会资本强化控制权时，控股股东的利益侵占行为更隐蔽和难以发现，控股股东具有更强的动机和能力实施利益侵占，控股股东代理问题更严重。由于家族企业中家族成员、企业所有者以及经营者角色的交叉和重叠，家族企业内部存在复杂的委托代理关系（共 7 种基本类型）。具体到家族企业中委托代理问题更为复杂，具有“双重三层”的结构特征，其中控股股东代理问题是家族企业的主要代理问题。受我国转轨制经济特征以及我国“家文化”的影响，家族企业对上市公司的控制包括金字塔式的“股权控制”和网络式的“社会资本控制”。在社会资本控制的影响下，控股股东实施利益侵占的行为能力和动机进一步被强化，对上市公司实施利益侵占的路径也由显性剥夺逐渐转变为隐性剥夺，利益侵占方式多样化，家族控股股东身份和利益侵占行为更加隐蔽，控股股东代理问题更为严重。

（4）借鉴 LLSV 模型的构建思路，我们构建了引入社会资本后控股股东代理问题产生的数理模型。通过模型推导，得出以下研究结论：控股股东的现金流权比例与控股股东利益侵占强度之间呈负相关关系；控股股东对上市公司的实际控制能力越强，控股股东的利益侵占强度越大；股权制衡、法律监管等公司治理机制能够在一定程度上约束控股股东利益侵占行为；但是，在考虑了社会资本的影响因素后，股权制衡等治理机制功能被弱化，控股股东所拥有的社会资本数量越多，控股股东利益侵占强度越大。

（5）我国家族企业控股股东的“股权控制”与“社会资本控制”对控股股东利益侵占具有显著性影响，“股权控制”与“社会资本控制”的双重控制机制更能够解释我国家族企业的控股股东利益侵占问题。首先，通过对控股股东的最终所有权结构特征的分析，发现我国家族企业最终所有权结构相对分散，最终现金流权与最终投票权比值相对较小，股权控制较弱，但是，最终投票权与最终现金流权偏离程度较大。而且，随着上市时间的推移，总体上我国上市家族企业的股权控制呈逐渐减弱的趋势，社会资本控制呈逐渐增强的趋势。控股股东的股权控制与社会资本控制之间呈显著的负相关关系，表明家族控股股东在控制上市公司的过程中，在弱化股权控制的同时会强化社会资本控制。控股股东的最终现金流权与控股股东利益侵占显著负相关，控股股东的最终现金流权主要表现出利益协同效应；社会资本控制对控股股东利益侵占具有显著的正向影响，社会资本控制程度越大，控股股东的利益侵占强度越大。进一步分析显示，控股股东社会资本控制会对股权结构的治理效应产生负向影响，控股股东的社会资本控制会在一定程度上弱化股权结构的治理效应，导致更为严重的控股股东利益侵占。

（6）控股股东不同层次的社会资本对公司治理的有效性产生不同的影响，总体而言，控股股东的社会资本会在一定程度上弱化公司治理机制的有效性。首先，控股股东的内部社会资本对法律监管、股权制衡以及高管持股的治理效应具有显著的负向影响。其次，控股股东的企业外部社会资本只对法律监管和高管持股的治理效应具有显著的负向影响，对股权制衡的治理效应不具有显著性影响。控股股东的个体社会资本对法律监管的治理效应具有正向影响，对股权制衡的治理效应具有负向影响，对高管持股的治理效应不具有显著性影响。最后，通过分组检验，我们发现外部审计、独立董事等治理机制的功能的有效发挥依赖于法律监管环境，良好的法律监管环境下，即使控股股东存在利用社会资本控制上市公司的情形，外审审计、独立董事也能够有效地抑制控股股东的利益侵占行为。因此，改善法律监管环境是治理控股股东利益侵占问题的重要方面。

9.1.2 实践启示

(1) 基于上市家族企业控股股东“股权控制”的分析

首先，对我国上市家族企业而言，股权结构集中并非导致控股股东代理问题产生的主要原因，上市家族企业的股权结构也并非“一股独大”，主要呈现出少数股权控制的非对称性股权结构，如张新控制新疆众合股份有限公司（600888）所付出的最终现金流权比例不到2%，却获得了对上市公司11.74%的投票表决权。特别是随着2007年股权分置改革的完成，由控股股东所主导的定向增发、股票减持等一系列市场行为，使得控股股东的最终现金流权逐渐分散，最终投票权与最终现金流权分离程度逐渐加大，控股股东的少数股权控制情况越来越严重，控股股东与公司利益分歧加大，可能会导致更为严重的控股股东代理问题。其次，我们的实证研究结论证明，上市家族企业控股股东的最终现金流权比例与控股股东代理问题显著负相关，说明现金流权具有显著的治理效应，适度集中的股权结构有利于上市家族企业控股股东代理问题的解决。因此，股权结构的合理性仍然是我国上市公司改革的重点，但是对我国上市家族企业不能像现有的主流理论所倡导的那样一味地强调改变“一股独大”的局面，而是应将治理重点放在如何防止少数股权控制，促使控股股东与上市公司形成利益趋同，适度集中的股权结构可能更有利于上市家族企业的长远发展。另外，股权制衡也能够显著抑制控股股东的利益侵占行为，说明适度集中的且具有制衡性的股权结构才是上市家族企业的最优股权结构，有利于控股股东代理问题的解决。

(2) 基于上市家族企业控股股东“社会资本控制”的分析

首先，我国上市家族企业的控股股东可以通过社会资本控制进一步强化其对上市公司的实际控制能力，社会资本控制链在我国上市家族企业中确实存在，对控股股东利益侵占具有显著性影响。因此，我们在研究上市家族企业控股股东代理问题时，必须将社会资本的影响纳入考虑范围，只有这样才能够更加贴近现实，所得出的研究结论才更具有指导意义。其次，在社会资本控制的影响下，控股股东“掏空”上市公司的手段多元化，利益侵占路径和侵占方式都具有很强的隐蔽性，只有在经过较长时间的历史观察才能够识别其侵占利益的本质，如郭家学家族自 2000 年控股东盛科技（600771）以来就通过资金占用、贷款担保等方式不断侵占上市公司资产，但是直到 2006 年郭家学被调查之后其利益侵占的事实才被暴露。因此，对控股股东代理行为的治理和监管也应着眼于长远，建立长效的信息披露机制，采用历史分析方法来界定控股股东与关联方之间的关联关系。另外，通过“股权控制”和“社会资本控制”的双重控制机制，控股股东身份更加隐蔽，所带来的代理问题也更为复杂。因此，在实践中，我们应该进一步加强上市公司信息披露机制的建设，在强调对控股股东持股结构信息披露的同时，还应加强对其他大股东、董事会、经理层来源等信息进行披露，明确他们与控股股东之间的关联关系；同时应建立起多层次的公司责任体系，将公司责任体系划分为一般有限责任、扩大有限责任和无限责任。如确实有证据表明控股股东能够通过社会资本完全控制董事会和经理层决策时，对所形成的决策结果应该追究控股股东的扩大有限责任或无限责任。

（3）基于社会资本与公司治理机制有效性的分析

首先，对我国上市家族企业而言，法律监管、股权制衡以及高管持股都能够有效抑制控股股东的利益侵占。因此，加强法律制度建设、创造良好行政管理环境、合理引导资本市场投资形成具有制衡性的股权结构、完善上市公司的股权激励政策等，都将有利于我国上市家族企业控股股东代理问题的解决。其次，在社会资本的影响下，外部审计与独立董事都未能有效的发挥治理功能，但是，在法律监管环境较好地区，外部审计和独立董事也能够在一定程度上抑制控股股东的利益侵占行为，说明良好的法律制度环境是外部审计与独立董事产生功效的前提。另外，通过对我国外部审计与独立董事制度的考查，我们发现现有的制度缺陷也是导致其治理公司难以有效发挥的原因之一。如审计机构与独立董事的聘任几乎都是由董事会提名①，而董事会又在很大程度上受控于控股股东，外部审计与独立董事也就很难保持真正的独立性，自然也就无法有效地监督控股股东行为，因此，有必要对会计师事务所与独立董事的聘任机制进行改革，如尝试由相关监管机构采取抽签或随机委派会计师事务所或独立董事。另外，在独立董事制度方面，现有的相关制度也未建立起有效的独立董事考核机制，对独立董事的任职资格审查制度相对不完善。为了解决这些问题，笔者认为可以尝试从以下几个方面完善独立董事制度的建设。第一，进一步科学和细化独立董事的任职资格和构成，确保独立董事的任职资格，特别是独立董事的知识结构方面既要有工程技术方面的专家，又要有会计和法律方面的专家。第二，进一步完善国家独立董事信息库的建设，建立严格的独立董事资格考试制度和尽职考核标准，加强独立董事信息的披露，建立行业自律组织，制定由受聘公司、监管机构、行业协会等组成的多层次考核与评价体系。第三，进一步改革独立董事的薪酬体制，如制定独立董事薪酬指导标准，防止控股股东利用畸高的薪酬妨碍独立董事的公正性与独立性。

9.2 研究局限性及未来研究展望

9.2.1 研究的局限性

本书通过理论分析和实证分析相结合的方法对社会资本与上市家族企业控股股东代理问题进行了系统研究，获得了一些有价值的研究发现。在研究过程中，笔者力求做到严谨和完善，但是由于个人能力、时间等条件的限制，难免会存在一些不足之处，主要体现在以下几个方面。

（1）本书在研究上市家族企业控股股东社会资本控制的过程中，构建了社会资本控制的指标体系，现有数据库中无法直接得到全部指标数据，部分指标数据只能从上市公司年报和附注中获得，甚至是通过百度搜索等工具

① 2011 年全部上市公司中审计机构的聘任由董事会提名的比例约为 86.92%，独立董事的聘任由董事会提名的比例约为 98.02%（沈烈，2012）。

进行手工收集和人为甄别，尽管笔者力求严谨，尽力做到数据来源的可靠性，但是难免会存在一定差距。

（2）在衡量控股股东利益侵占程度时本书运用资金占用作为替代指标，仅仅考量了社会资本与控股股东资金占用行为之间的实证关系，尽管资金占用能够衡量控股股东利益侵占的主要部分，但是毕竟不能涵盖全部内容，需要寻找更为合理的指标来度量控股股东的利益侵占。由于数据收集困难，以及研究方法的局限性，目前阶段无法对这一问题进行完善，在一定程度上削弱了本研究的解释力，表现出一些不足。

9.2.2 未来研究展望

（1）本书主要研究控股股东社会资本对控股股东利益侵占行为的影响，主要关注的是控股股东的社会资本在公司治理中的不利方面。但是在实践中，社会资本对上市家族企业的影响肯定存在积极的方面，如节约交易费用、帮助企业获取所需资源等，应综合考察社会资本在公司治理中的作用。为了保证研究问题的针对性，本书没有对社会资本对上市家族企业治理的综合作用进行分析，希望在以后的研究中得以继续。

（2）社会资本与国家或地区的伦理文化、制度环境等因素密切相关。本书仅对中国家族企业的情况进行了研究，实际上社会资本对控股股东代理问题的影响应结合不同国家和地区的伦理文化、制度环境因素等进行展开，只有这样，我们对问题的理解才能够更为深刻，研究结论也将更具广泛性。另外，其他类型的民营企业、国有企业的控股股东利用社会资本控制上市公司、实施利益侵占的行为机理与上市家族企业的情况肯定会存在差异，本书也没有在这方面进行展开，因此，在后续的研究中可以根据企业类型的不同将这一问题进一步细化和深入。

参考文献

［1］ Adler P S & Kwon S. Social capital：prospects for a new concept［J］. Academy of Management Review，2002，27（1）：17－40.

［2］ Aggarwal，R. K.，Meschke，F.，Wang，T.，Corporate Political Contribution：Investment or Agency? Working Paper，University of Minnesota，2008.

［3］ Allen，F. Qian，J. & Qian，M. Law，finance，and economic growth in China［J］. Journal of Financial Economics，2005，77（1）：57－116.

［4］ Almeida H V，Wolfenzon D. A Theory of Pyramidal Ownership and Family Business Groups［J］. Journal of Finance，2006（6）：2637－2680.

［5］ Atuahne－Gima K.，Murray J. Y.. Exploratory and Exploitative Learning in New Product Development：A Social Capital Perspective on New Technology Ventures in China［J］. Journal of International Marketing，2007，15（2）：1－29.

［6］ Bae，GS.，Young soon S. Cheon & Jun－Koo Kang. Intra－Group Propping：Evidence from the Stock－Price Effects of Earnings Announcements by Korean Business Groups［J］. The Review of Financial Studies，2008（15）2015—2060.

［7］ Bertrand，M.，Kramarz，F.，Schoar，A.，Thesmar，D.. Politicians，Firms and Political Business Cycle：Evidence from France. Working Paper，University of Chicago and M. I. T. 2006.

［8］ Block J H. How to Pay Nonfamily Managers in Large Family Firms：A Principal—Agent Model［J］. Family Business Review，2011（1）：9－27.

[9] Boisot, M. & Child, J. From Fiefs to Clans and Nerwork Capitalism: Explaining China' s Emerging Economic Order [J] . Administrative Science Quarter, 1996, 41 (4): 600 – 628.

[10] Boubakri, M. , Cosset, J. C. . Saffar, W. . Political Connections of Mewly Privatized Firms [J] . Journal of Corporate Finance. 2008 (14): 654 – 673.

[11] Bourdieu, Pierre, The Forms of Capital In J. C. Richardson, Handbook of Theory and Research for the Sociology of Education, New York: Greenwood Press, 1983.

[12] Bourdieu, p. Le captital social: notes Provisoires [J] . Actes de la Recherche en Sciences Sociales, 1980 (31): 2 – 3.

[13] Boxmna, E. A. W. , P. M. De Graaf & H. D. Flap. The impact of social and human capital on the income attainment of Dutch Managers [J] . Social Networks, 2002 (13): 51 – 63.

[14] Burt R. S. , The Contingent Value of Social Capital [J] . Administrative Science Quarterly, 1997 (42): 339 – 365.

[15] Burt, R. S. Structural Holes: The Social Structure of Competition [M] . Cambridge, MA: Harvard University Press, 1992 (9): 78 – 100.

[16] Cheung, Y. L. , P. Rau, R. , Stouraitis, A. . Tunneling, Propping, and Expropriation: Evidence from Connected Party Transactions in Hong Kong [J] . Journal of Financial Economics. 2006 (82) .

[17] Chrisman, JJ, Chua, J H. & Litz, R. , Comparing the agency costs of family and non – family firms conceptual issue and exploratory evidence [J] . Entrepreneurship Theory and Practice, 2004, 27 (2): 335 – 354.

[18] Christina Y. M. NG. . An Empirical Study on the Relationship between Ownership and Performance in a Family – based Corporate Environment [J] . Journal of Accounting Auditing and Finance, 2005 (2): 121 – 146.

[19] Claessens, Simeon & Larry H. P. Lang, et al. The Separation of Ownership and Control in East Asian Corporations [J] . Journal of Financial Econom-

ics, 2000, 58 (1/2): 81 -112.

[20] Claessens, Stijin & Simeon Djankov, et al. Disentangling the Incentive and Entrenchment Effects of Large Shareholding [J] . Journal of Financial Economics, 2002, 57 (6): 2741 -2771.

[21] Coleman, J. S. , Foundations of Social Theory, Cambridge, MA: Harvard University Press, 1990.

[22] Coleman, J. Social capital in the creation of human capital [J] . American Journal of Sociology, 1988, 94 (2): 95 -121.

[23] Collins L, Clark P. The role of Social capital in financial development [J] . American Economic Review, 2003 (94): 526 -556.

[24] Colomb, F. & Merzoni, G. In praise of rigidity: the bright side of long - term contracts in reperated trust games [J] . Journal of Economic Behavior & Organizetion, 2006, 59 (3): 349 -373.

[25] Cooke, P. & Clifton, N. Social capital , and small and medium enterprise performance in the United Kingdom [M] // Nijkamp, P. , Stougyh R, & De Groot, H. Entrepreneurship in the modern space - economy: evolutionary and Policy perspectives. Amsterdam: Tinbergen Institute, 2002.

[26] Dusan Isakov et. , al. Are founding families special blockholders? An investigation of controlling shareholder influence on firm performance [J] . Journal of Banking & Finance, 2014, 41 (4): 1 -16.

[27] Faccio M, Lang L H P. The Ultimate Ownership of Western European Corporations [J] . Journal of Financial Economics, 2002, 65 (3): 365 -395.

[28] Faccio, M. , Masulis, R. W. , McConnell, J. J. . Political Connections and Corporate Bailouts [J] . Journal of Finance, 2006 (61): 2597 -2635.

[29] Fama, E. F. & Jensen, M. C. , Agency problems and residual claims [J] . Journal of Law and Economics, 1983 (6): 325 -344.

[30] Fisman, D. , R. , Galef, J. , Khurana, R. . Estimating the Value of Connections to Vice - president Cheney. Working Paper, Columbia University, 2007.

[31] Fukuyama, F. Trust: The Social Virtue and the Creation of Prosperity [M] . London: Hamish Hamilton, 1995.

[32] Gabby S M, Zuckerman E W. Social Capital and Opportunity in Corporate R&D the Contingent Effect of Contact Density on mobility expectation [J] . Social Science Research , 1998 (27): 189 -217.

[33] Gadhoum Y. , Gueyie J, Hentati M. Ownership Structure and Expropriation in Stock Exchange Listed Firms [J] . Corporte Ownership and Control, 2006, (3): 3 -23.

[34] Gomez - Mejia, L. R. Social emotional Wealth and Business Risks in Family - controlled Firms, Administrative Science Quarterly, 2007, (52): 106 -137.

[35] Grannovetter, M. , Economic Action and Social Structure: the Problem of Embeddedness [J] . Americian Journal of Sociology, 1985 (91): 481 - 510.

[36] Grannovetter, M. , Economic Institutions as Social Structure: A Framework for Analysis [J] . Acta Sociologica, 1992 (35): 3 -11.

[37] Greve, A. & Salaff, J. The development of corporate social in complex innovation processes [J] . Social Capital of Organization, 2001, 18: 107 - 137.

[38] Grossman S, Hart O. One Share - one Vote and the Market for Corporate Control [J] . Journal of FinancialEconomicsm, 1988 (20): 175 -202.

[39] Guiso, L. , Sapienze, P. & Zingales, L. The Role of Social Capital in Financial Development [J] . Journal of Political Economy, 1986, 94 (4): 691 -719.

[40] Habbershon, T. , & Wiliams, M . Are source - based framework for assessing the strategic advantages of family firms [J] . Family Business Review, 1999, 12 (1): 1 -26.

[41] Habbershon, T. , Williams, M. & MacMillan, I. A Unified systems perspective of family firm performance [J] . Journal of Business Venturing,

2003, 18 (5): 451 -465.

[42] Harvey, J. Owner as manager , extended horizons and the family firm [J] . International Journal of the Economics of Business, 1999, 6 (1): 41 -55.

[43] Haw, I. M. , Bingbing, H, &Lee - Seok, H. , et al. Ultimate Ownership, Income Management, and Legal and Extra - Legal institutions [J] . Journal of Accounting Research, 2004, 42: 423 -462.

[44] Hubert de LaBruslerie et al. Ownership structure and debt leverage: Empirical test of a trade - off hypothesis on French firms [J] . Journal of Multinational Financial Management, 2012, 22 (4): 111 -130.

[45] Inpavido, G. Credit rationing, group lending and optimal group size [J] . Analysis of the Public and Cooperative Economics, 2002, 69 (2): 243 -260.

[46] James, H. S. Jr. What can the family contribute to business? Examining contractual relationships [J] . Family Business Review, 1999, 12 (1): 61 -71.

[47] Jiang G H, Charles M C, Lee H Yue. Tunneling Through Inter - corporate Loans: the China Experience [J] . Journal of Financial Economics, 2010 (98): 1 -20.

[48] Johnson, S. , Mitton, T. . Cronyism and Capital Controls: Evidence from Malaysia [J] . Journal of Financial Economics. 2003 (67): 351 -382.

[49] Kenneth A. Kim et al. Large shareholders, board independence, and minority shareholder rights: Evidence from Europe [J] . Journal of Corporate Finance, 2007, 13 (10): 859 -880.

[50] Khanna, Tarun and Yishay Yafeh. Group in Emerging: Paragons or Parasites?, Journal of Economic Literature, 2007, (45): 331 -372.

[51] Knack, S. & Keefer, P. Dose Social Capital Have an Economic Payoff? A Cross - county Investigation [J] . Quarterly Journal of Economics, 1997, 112 (4): 141 -163.

[52] La Porta Lopez - de - Salinas F. & Shleifer A. Corporate ownership around the world [J]. Journal of Finance. 1999, 54 (2), 471 -517.

[53] La Porta R. F Lopez - de - Salinas F. & ShleiferA, et al. Investor Problems and Dividend Policies around the World [J]. Journal of Finance, 2002, 57 (3): 1147 -1170.

[54] Lee C. and X. Xiao, Tunneling Dividends, Working Paper. Bradford W., C. Chen and S. Zhu, Cash Dividend Policy, Corporate Pyramids, and Ownership Structure: Evidence from China, Working paper, 2005.

[55] Leenders, R. T. A. J & Gabby, S. M. Corporate Social Capital and Liability [C]. Boston and Amsterdam: Kluwer Academic Publishers, 1999.

[56] Lemmmon M. L., Lins K. V. Ownership Structure, Corporate Governance and Firm Value; Evidence from the Easr Asia Financial Crisis [J]. Journal of Finance, 2003, 58 (4): 1445 -1468.

[57] Li, H., Meng, L., Wang, O., Zhou, L.. Political Connections, Financing and FirmPerformance: Evidence from Chinese Private Firms. Journal of Development Economics [J]. 2008 (87): 283 -299.

[58] Liang Q, Li X, Yang X, et al. How does family involvement affect innovation in China? [J]. Asia Pacific Journal of Management, 2013, 30 (3): 677 -695.

[59] Lin Nan, Social Capital: A Theory of Social Structure and Action [M]. New York: Cambridge University Press, 2001.

[60] Lins, K. V. Equity Ownership and Firm Value in Entering Markets [J]. Journal of Financial and Quantitative Analysis, 2002, 38 (1): 159 -184

[61] Loury, G. C. A Dynamic Theory of Racial Income Differences [C] // Wallce, P. A., La Mond, A. M. Ed. Women, Minorities, and Employment Discrimination. Lexington: Lexington Books, 1977.

[62] Lucas Hopkins, Keithe E. Ferguyson.. Looking forward: The role of multiple regression in family business research [J]. Journal of Family Business Strategy, 2014 (5): 52 -62.

[63] MarkoSarstedt, Christian M. Ringle, Donna Smith, Russell Reams. Partial Least Squares Structural equation modeling (PLS – SEM): A useful tool for family business researchers [J]. Journal of Family Business Strategy, 2014 (5): 105 – 115.

[64] Masulis R W, Wang C, Xie F. Agency Problems at Dual – Class Companies [J]. Journal of Finance, 2009, 64 (4): 1697 – 1727.

[65] Maury, B. Family Ownership and Firm Performance: Empirical Evidence from Western European Corporations [J]. Journal of Corporate Finance, 2006, (12): 321 – 341.

[66] Miller, D., and Le Breton – Miller., I. Lester, R. H., and Cannella Jr. A. Are Family firms Really Superior Performers? Journal of Corporate Finance, 2007, (13): 829 – 858.

[67] Mock Randall, A History of Corporate Governance around the World: Family Business Groups to Professional Managers, Chicago: the University of Chicago Press, 2005b.

[68] MohamedBelkhir et al. Excess control, agency costs and the probability of going private in France [J]. Global Finance Journal, 2013, 24 (3): 250 – 265.

[69] Morck, R. K., Stangeland, D. A., Yeung, B., Inherited Wealth, Corporate Control, and Economic Growth: The Canadian Disease. Chicago: University of Chicago Press, 2000.

[70] Mustakallio, M., Autio, E. & Zahra, S. Relational and contractual governance in family firms: Effects on strategic decision making [J]. Family Business Review, 2002, 15 (3): 205 – 233. 0

[71] NajahAttig et al. Multiple large shareholders, control contests, and implied cost of equity [J]. Journal of Corporate Finance, 2008, 14 (10): 721 – 737.

[72] Nelson, R. Thestrengh of strong ties: social networks and inter – group conflict in organizations [J]. Academy of Management Journal, 1989, (32):

377 – 401.

[73] Pauls Adler, Seok Woo, Kwon. Social capital: Prospects for a new concept. Academy of Management Review. 2002, 27 (1): 17 – 40.

[74] Peng W. Q., K. C. J. Wei and Z. Yang. Tunneling orPropping: Evidence from Connected Transactions in China [J]. Journal of Corporate Finance, 2011, 17 (2): 306 – 325.

[75] Poletti Hughes J. Corporatevaule, ultimate control and law protection for investors in Western Europe [J]. Manangement Accounting Research, 2009, 20 (1): 41 – 52.

[76] Poletti Hughes J. Ultimate control and corporatevalue: evidence from the UK [J]. Financial Reporting, Regulation and Governance, 2005, 4 (2): 1 – 23.

[77] Poppo, L. & Zenger, T. Do formal contracts and relational governance function as substitutes or complements、 [J]. Strategic Management Journal, 2002, 23 (8): 707 – 729.

[78] Portes, Alejandro & Sensenbrenner Julia, Embeddedness and Immigration: Notes on the Social Capital Determinants of Economic Action [J]. American Journal of Sociology, 1993 (98): 23 – 46.

[79] Portes, Alejandro., Social Capital: Its Origins and Applications in Modern Sociology [J]. Annual Review of Sociology, 1998 (24): 1 – 24.

[80] Putnam, R, D, The Prosperous Community: Social Capital [J]. The American Prospect, 1996, (26): 18 – 21.

[81] Sanders, J. M & Nee, V. Immigrant self – employment: The family as social capital and the value of human capital [J]. American Sociological Review, 1996, 61 (2): 231 – 249.

[82] Sanjay Goel, Pietro Mazzola, Phillip H. Phan.. Strategy, ownership, governance, and socio – psychological perspectives on family businesses from around the world [J]. Journal of Family Business Strategy, 2012 (3): 54 – 65.

[83] Schulze, W. S, M. HLubatkin, Y. Ling R. N. Dino & Buchholtz, A

K. Agency relationships in family firms theory and evidence, Organization Science. 2001 (12): 99 - 116.

[84] Sipilov, A. & Danis, W. TMG social capital, strategic choice and firm performance [J]. European Management Journal, 2006. 24 (1): 16 - 27.

[85] Stam W, Arzlanian S, Elfring T. Social capital of entrepreneurs and small firm performance [J]. Journal of Business Venturing, 2013, 29 (1): 152 - 173.

[86] Thomas Brown. The Human Firm: A Socio - economic Analysis of Its Behavior and Potential in a New Economics Age, Routledge, 1999 (1): 1320 - 1350..

[87] Tosi, A L. Brownlee, A L, Silva, P. & Katz, J P. An empirical exploration of decision - marking under agency controls and stewardship structure [J]. Journal of Management Studies, 2003, 40: 2053 - 2071.

[88] Wang, Qian, Wong. T. J., Xia, Lijun. State Ownership, the Institutional Environment, and Auditor Choice: Evidence from China [J]. Journal of Accounting and Economics, 2008, 46 (1): 112 - 134.

[89] Willianmson Oliver E. The lens of contract: Private ordering [J]. American Economic Review, 2003, 92 (2): 438 - 443.

[90] Woolcock, M. Social capital and economic development: towards a theoretical synthesis and policy framework [J]. Theory and Society, 1998, 27 (2): 151 - 208.

[91] Zellweger T M, Kellermanns F W, Chrisman J J, et al. Family control and family firm valuation by family CEOs: The importance of intentions for transgenerational control [J]. Organization Science, 2012 (3): 851 - 868.

[92] Zhou K Z, Poppo L, Yang Z. Relational ties or customized contracts? An examination of alternative governance choices in China [J]. Journal of International Business Studies, 2008, 39 (3): 526 - 234.

[93] 边燕杰，邱海雄．企业的社会资本及其功效 [J]．中国社会科学，2000 (2): 87 - 89.

［94］蔡宁，魏明海．股东关系、合谋与大股东利益输送—基于解禁股份交易的研究［J］．经济管理，2011（9）：63－74.

［95］蔡卫星，高明华，终极股东所有权，控制权与利益侵占：来自关联交易的证据［J］．南方经济，2010（2）：58－69.

［96］曹荣湘，走出囚徒困境—社会资本与制度分析［M］．上海：三联书店，2003.

［97］曹志鹏，高师师．非控股大股东退出威胁、第二类代理成本与审计质量——基于股东异质性研究视角［J］．中国注册会计师，2021（09）：22－27.

［98］曾春华，陈旭东，杨兴全．终极控制人权分离、多元化并购与公司并购绩效［J］．经济管理，2013（12）：78－90.

［99］曾惠芬，许萍．终极控股股东、金字塔股权结构与信息披露质量［J］．财会通讯，2018（09）：33－38＋129.

［100］车伟娜．双重委托代理冲突、内部资本市场与盈余质量——来自2012—2014年沪深主板上市公司的数据［J］．财会通讯，2016（27）：41－44.

［101］陈灿．国外关系治理研究最新进展探析［J］．外国经济与管理，2012（10）：74－81.

［102］陈德球，梁媛，胡晴．社会信任、家族控制权异质性与商业信用资本配置效率［J］．当代经济科学，2014，36（05）：18－28＋124－125.

［103］陈红，杨凌霄．金字塔股权结构，股权制衡与终极股东侵占［J］．投资研究，2012（3）：101－113.

［104］陈建林，夏泽维，李瑞琴．家族企业商会资本代际传承研究——基于中国上市家族企业的实证研究［J］．外国经济与管理，2020，42（11）：125－139.

［105］陈克兢．非控股大股东退出威胁能降低企业代理成本吗［J］．南开管理评论，2019，22（04）：161－175.

［106］陈倩倩，尹义华．民营企业、制度环境与社会资本—来自上市

家族企业的经验证据［J］．财 经研究，2014（11）：71－81.

［107］陈胜蓝，卢锐．卖空压力与控股股东私利侵占——来自卖空管制放松的准自然实验证据［J］．管理科学学报，2018，21（04）：67－85.

［108］陈仕华，李维安．公司治理的社会嵌入性：理论框架及嵌入机制［J］．中国工业经济，2011（6）：99－109.

［109］陈文强，贾生华．股权激励、代理成本与企业绩效——基于双重委托代理问题的分析框架［J］．当代经济科学，2015，37（02）：106－113＋128.

［110］陈文强．控股股东涉入与高管股权激励："监督"还是"合谋"?［J］．经济管理，2017，39（01）：114－133.

［111］陈信元，陈冬华，时旭，公司治理与现金股利：基于佛山照明的案例研究［J］．管理世界，2003（8）：118－126.

［112］陈志军，赵月皎，刘洋．不同制衡股东类型下股权制衡与研发投入——基于双重代理成本视角的分析［J］．经济管理，2016，38（03）：57－66.

［113］程新生，孙毅，刘翰．控股股东行为，资产专用性与企业成长性—基于云南白药的案例研究［J］．经济与管理研究，2012，（2）：22－31.

［114］程仲鸣．终极控制人的控制权，现金流权与企业投资—基于中国上市公司的经验证据［J］．经济与管理研究，2010（8）：51－60.

［115］储成兵，控股股东，公司治理与关联交易—基于上市公司的经验证据［J］．广西经济干部管理学院学报，2013（1）：102－106.

［116］储小平．华人家族企业的界定［J］．经济理论与经济管理，2004（1）：49－53.

［117］储小平．家族企业研究：一个具有现代意义的话题［J］．中国社会科学，2006（5）：51－58.

［118］储小平．李怀祖．信任与家族企业的成长［J］．管理世界，2003（6）：98－104.

［119］戴静雯，许荣，冯迪．控股股东股权质押会导致公司违规增加

吗——基于公司治理视角的考察［J］．金融监管研究，2022（07）：22－40.

［120］戴亦一，张俊生，曾亚敏，潘越．社会资本与企业债务融资［J］．中国工业经济，2009（8）：99－108.

［121］邓建平．曾勇．控股股东利用导向与分理性分红［J］．系统理论工程方法与应用．2005（10）：23－44.

［122］邓路，王化成．控制权结构、信息不对称与定向增发［J］．财贸经济，2012（4）：66－74.

［123］翟士运，孙兰兰，古朴．控股股东股权质押对“低股利”现象的影响［J］．管理科学，2020，33（03）：124－137.

［124］董艳，李凤．管理层持股，股利政策与代理问题［J］．经济学（季刊），2011（4）：1016－1037.

［125］窦欢，陆正飞．大股东代理问题与上市公司的盈余持续性［J］．会计研究，2017（05）：32－39＋96.

［126］渡边真理子．国有控股上市公司的控制权，金字塔式结构和侵占行为［J］．金融研究，2011（6）：150－167.

［127］段云．基于大股东视角的董事社会网络嵌入性与董事会有效性研究［J］．预测，2012（6）：13－20.

［128］范香梅，张晓云，社会资本影响农户贷款可得性的理论与实证分析［J］．管理世界，2012（4）：177－178.

［129］范晔．基于社会资本理论视角的家族企业治理研究［D］．杭州：浙江大学，2009.

［130］费孝通．乡土中国 生育制度［M］．北京：北京大学出版社，1998.

［131］冯慧群．私募股权投资对控股股东“掏空”的抑制效应［J］．经济管理，2016，38（06）：41－58.

［132］冯旭南，李心愉，陈工孟．家族控制，治理环境和公司价值［J］．金融研究，2011（3）：149－164.

［133］傅瑜，申明浩．控制权配置形式对企业关联交易的影响分

析——基于 A 股家族类上市公司的实证研究 [J]. 当代财经, 59 – 71.

[134] 高闯, 关鑫, 社会资本, 网络连带与上市公司终极股东控制权——基于社会资本理论的一个分析框架 [J]. 中国工业经济, 2008 (9): 88 – 97.

[135] 高闯, 郭斌, 赵晶. 上市公司终极股东双重控制链的生成及其演化机制——基于组织惯例演化视角的分析框架 [J]. 管理世界, 2012 (11): 156 – 169.

[136] 高芳. 公司治理、管理者代理问题与财务重述研究 [J]. 南开管理评论, 2016, 19 (03): 168 – 177.

[137] 高凤莲, 王志强. 独立董事个人社会资本异质性的治理效应研究 [J]. 中国工业经济, 2016 (03): 146 – 160.

[138] 高燕, 杨桐, 杜为公. 全流通背景下非控股大股东"用脚投票"发挥治理效应了吗? [J]. 江西社会科学, 2016, 36 (10): 73 – 80.

[139] 葛永盛, 童盼. 基于博弈均衡的中小企业融资契约安排 [J]. 金融研究, 2012 (4): 183 – 194.

[140] 巩娜. 家族企业, 控股股东与股权激励—以自利性假说和道德风险假说为基础 [J]. 山西财经大学学报, 2013 (5): 94 – 102.

[141] 关璧麟, 葛志苏. 股权制衡对企业绩效的门槛效应分析——基于中小板上市公司的实证分析 [J]. 南方金融, 2021 (12): 59 – 70.

[142] 关鑫, 高闯, 吴维库. 终极股东的社会资本控制链真的存在吗——来自中国 60 家上市公司的证据 [J]. 南开管理评论, 2010 (6): 97 – 105.

[143] 关鑫, 高闯. 我国上市公终极股东的剥夺激励研究: 基于"股权控制链"与"社会资本控制链"的比较 [J]. 南开管理评论, 2011 (6): 16 – 24.

[144] 郭斌. 家族公司治理中的终极股东控制问题研究 [D]. 北京: 首都经济与贸易大学, 2013.

[145] 郭斌. 终极股东股权控制中的社会资本分析 [J]. 商业研究, 2012 (11): 138 – 144.

［146］郭斌．社会资本、组织惯例与终极股东控制—基于中国家族企业公司治理的实证研究［J］．财贸研究，2013（5）：139－147.

［147］郭立新，陈传明，企业家社会资本与企业绩效—以战略决策治理为中介［J］．经济管理，2011（12）：43－51.

［148］韩雅洁．女性董事、两权分离度与控股股东代理成本［J］．财会通讯，2019（21）：71－78.

［149］韩云．股利平稳性、代理成本与资本结构——基于随机前沿模型的实证分析［J］．经济经纬，2017，34（06）：152－158.

［150］郝颖，李晓欧，刘星．终极控制，资本投向与配置绩效［J］．管理科学学报，2012（3）：83－96.

［151］何小杨．我国家族企业中的“人际关系网”——现状及制度诱因［J］．证券市场导报，2011（11）：54－66.

［152］贺小刚，连燕玲，张远飞．经营期望与家族内部的权威配置——基于中国上市公司的数据分析［J］．管理科学学报，2013（4）：63－82.

［153］贺小刚，连燕玲．家族权威与企业价值：基于上市家族企业的实证研究［J］．经济研究，2009（4）：90－102.

［154］侯婧，朱莲美．控股股东股权质押与公司非效率投资行为［J］．财会月刊，2018（18）：81－89.

［155］胡耀亭，马宏．代理成本、半强制分红与公司价值——来自中国A股上市公司的经验证据［J］．贵州财经大学学报，2017（04）：76－83.

［156］胡泽民，刘杰，李刚．控股股东代理问题、现金股利与企业绩效［J］．财会通讯，2018（27）：60－66.

［157］黄桂杰．制度背景、控股股东与上市公司异常派现［J］．当代经济研究，2012（11）83－87.

［158］贾明，张喆，万迪昉．控制性股东侵占欣慰及其外部性研究［J］．管理科学学报，2010（1）：70－77.

［159］姜付秀，王运通，田园，吴恺．多个大股东与企业融资约

束——基于文本分析的经验证据［J］．管理世界，2017（12）：61－74

［160］姜付秀，郑晓佳，蔡文婧．控股家族的“垂帘听政”与公司财务决策［J］．管理世界，2017（03）：125－145.

［161］解元元，黄俭．控股股东股权质押、产权性质与全要素生产率［J］．会计之友，2020（09）：94－100.

［162］孔东民，刘莎莎，黎文靖，刑精平．冷漠是理性的吗？中小股东参与，公司治理与投资者保护［J］．经济学（季刊），2012（1）：1－28.

［163］蓝紫文，李增泉，胡智渊．社会资本的公司治理效应——来自公司高管本土化与会计信息质量关系的经验证据［J］．管理科学学报，2023，26（02）：130－158.

［164］李秉祥，党怡昕，简冠群．控股股东双重控制链特征对定增关联并购资产估值的影响——兼论业绩承诺的估值纠偏效应［J］．财贸研究，2022，33（01）：97－110.

［165］李枫．家族企业控股股东与家族高管合作路径研究［D］．北京：首都经济与贸易大学，2014.

［166］李建，陈传明，孙俊华．企业家政治关联，竞争战略选择与企业价值—基于上市公司动态面板数据的实证研究［J］．南开管理评论，2012（6）：147－157.

［167］李健，陈传明，陈景仁．家族企业社会资本传承研究述评与展望［J］．现代管理科学，2016（04）：6－8.

［168］李敏．企业社会资本论［M］．北京：光明日报出版社，2010.

［169］李思飞，裘泱．家族企业传承意愿与社会资本投资［J］．金融评论，2018，10（02）：44－55＋123－124.

［170］李文贵，余明桂，钟慧洁．央企董事会试点、国有上市公司代理成本与企业绩效［J］．管理世界，2017（08）：123－135＋153. DOI：10. 19744/j. cnki. 11－1235/f. 2017. 08. 012.

［171］李文文，黄世忠．关系股东与融资约束——基于系族集团的经验证据［J］．会计研究，2020（02）：74－89.

[172] 李向荣．基于多重代理理论的国有企业混合所有制改革研究[J]．宏观经济管理，2018（07）：53－58.

[173] 李新春，陈灿．家族企业的关系治理：一个探索性研究[J]．中山大学学报，2005，45（6）：109.

[174] 李新春，贺小刚，邹立凯．家族企业研究：理论进展与未来展望[J]．管理世界，2020，36（11）：207－229.

[175] 李新春，邹立凯．本地嵌入与家族企业的可持续成长——基于日本长寿家族企业的多案例研究[J]．南开管理评论，2021，24（04）：4－17.

[176] 李星，田高良，张睿．"瞒天过海"：企业避税与大股东掏空[J]．管理工程学报，2020，34（04）：21－33.

[177] 李永壮，刘重庆，何金曙．自由现金流、控股股东与过度投资——基于A股上市公司的实证研究[J]．投资研究，2017，36（05）：131－138.

[178] 李元旭，吉祥熙．控股股东控制权与现金流权两权偏离——基于第二类代理问题视角的研究综述[J]．技术经济，2017，36（07）：128－133.

[179] 李智超，罗家德．中国人的社会行为与关系网络特质[J]．社会科学战线，2012（1）：159－164.

[180] 连燕玲，贺小刚等．危机冲击，大股东"管家角色"与企业绩效—基于中国上市公司的实证分析[J]．管理世界，2012（9）：142－155.

[181] 梁彤缨，林坤海．上市公司业绩布局与控股股东减持——以掌趣科技为例[J]．财会通讯，2020（22）：172－176.

[182] 林川，曹国华．控股属性、股东关系与大股东减持倾向[J]．财会月刊，2016（33）：28－32.

[183] 林南．社会资本—关于社会结构与行动的理论[M]．张磊译．上海：上海人民出版社，2005：158－196.

[184] 刘凤委，李琳，薛云奎，信任，交易成本与商业信用模式[J]．经济研究，2009，（8）：60－71.

［185］刘建勇，董晴．资产重组中大股东承诺、现金补偿与中小股东利益保护—基于海润光伏的案例研究［J］．财贸研究，2014（1）：136－156.

［186］刘茂平．大股东贡献，侵害与中小股东利益保护：基于中国证券市场的实证研究．中国会计学会审计专业委员会2010年学术年会论文集，2010. 04. 07.

［187］刘少波．控制权收益悖论与超控制权收益——对大股东侵害小股东利益的一个新的理论解释［J］．经济研究，2007（2）：85－96.

［188］刘亭立，王志华，杨松令．大股东社会资本是否具有积极的治理效应？［J］．经济经纬，2018，35（04）：129－135.

［189］刘小元，王雪洁，张淑君．家族资本的概念、测量、形成与作用［J］．软科学，2017，31（10）：57－60.

［190］刘星，付强，郝颖．终极控制人代理、两权分离模式与控制权私利［J］．系统工程理论与实践，2015，35（01）：75－85.

［191］刘星，付强，蒋水全．终极产权控制下的私利行为及其治理—基于异质控制机制的研究述评［J］．华东经济管理，2014（4）：1－6.

［192］刘兴国，沈志渔，周小虎．社会资本对我国民营企业创业行为的影响［J］．经济管理，2009（6）：41－46.

［193］刘子颖，周方召．从CFO背景特征视角探究内外部委托代理问题——基于我国A股民营上市公司的经验证据［J］．财会月刊，2016（24）：47－53.

［194］罗党论，唐清泉．中国民营上市公司制度环境与绩效问题研究［J］．经济研究．2009（2）：106－118.

［195］罗家德，叶勇助．中国人的信任游戏［M］．北京：社会科学文献出版社，2007.

［196］罗珉，高强．中国网络组织：网络封闭与结构洞的悖论［J］．中国工业经济，2011（11）：90－99.

［197］罗琦，孔维煜，李辉．上市公司发放现金股利的价值效应——基于委托代理问题视角的实证研究［J］．改革，2020（05）：108－121.

［198］罗琦，吴哲栋．控股股东代理问题与公司现金股利［J］．管理科学，2016，29（03）：112－122.

［199］罗琦，伍敬侗．控股股东代理与股利生命周期特征［J］．经济管理，2017，39（09）：167－179.

［200］马富萍，李燕萍．资源型企业高管社会资本，资源获取与技术创新［J］．经济管理．2011（8）：51－59.

［201］麦穗亮．控股股东两权分离、审计意见与公司投资［J］．财会通讯，2019（36）：15－20.

［202］梅丹，第二类委托代理问题，大股东勤勉度与大股东机理—基于掏空行为的视角［J］．现代管理科学，2013（4）：100－102.

［203］孟为，郭雪萌．社会资本、关联方交易与利益输送——基于区域社会规范和社会关系的考察［J］．财经论丛，2017（01）：67－76.

［204］宁向东．公司治理理论［M］．北京：中国发展出版社，2006.

［205］彭丁．机构投资者、金字塔控制与公司业绩——基于公司代理视角的经验证据［J］．学术论坛，2015，38（03）：62－66. DOI：10. 16524/j. 45－1002. 2015. 03. 033.

［206］彭涛，黄福广，李少育．风险资本对企业代理成本的影响：公司治理的视角［J］．管理科学，2018，31（04）：62－78.

［207］彭文静．外部治理环境、控股股东股权质押与现金股利政策［J］．财会月刊，2016（14）：19－25.

［208］彭正银，罗贯擎．股东网络能提高企业创新绩效吗？——两类代理成本的中介效应研究［J］．商业经济与管理，2022（05）：28－45.

［209］浦汉淞．已有家族企业理论模型评介与开放系统模型构建［J］．外国经济与管理，2010（4）：61－65.

［210］齐齐，赵树宽，胡玮璇．家族创业研究现状述评和未来研究展望［J］．外国经济与管理，2017，39（10）：18－39.

［211］齐岳，李晓琳．家族企业高管性质与股票流动性关系研究——基于代理成本双重效应的分析［J］．上海经济研究，2019（01）：55－69.

［212］秦兴俊，张俊瑞，孟祥展，王良辉．社会网络与公司内部治理：

释义、路径与效果［J］．河北经贸大学学报，2017，38（04）：83 –91.

［213］曲亮，章静，郝云宏．独立董事如何提升企业绩效—立足四层委托—代理嵌入模型的机理解读［J］．中国工业经济，2014（7）：109 –121.

［214］冉戎，郝颖，刘星．控股股东利益动机，成长期权与投资时机决策［J］．管理科学学报，2012（7）：86 –97.

［215］沈烈．企业独立董事制度：现状解析与创新思考［J］．经济管理，2012（5）：56 –66.

［216］沈振宇，宋夏云．另类股东控制、关联交易与掏空——海南航空与海航集团关联交易的案例研究［J］．北京工商大学学报（社会科学版），2015，30（01）：69 –79.

［217］石军伟，付海艳．企业的异质性社会资本及其嵌入风险［J］．中国工业经济，2010，（11）：109 –118.

［218］石军伟．社会资本与企业行为选择—一个理论框架及其在中国情境中的实证检验［M］．北京：北京大学出版社，2008.

［219］石水平，邵梦姝．终极控制人性质、审计质量与控股股东代理成本——来自我国上市公司的经验证据［J］．会计之友，2015（04）：108 –113.

［220］宋丽红．家族企业更具有长期导向吗？—基于家族控制与传承意愿的实证检验［J］．杭州师范大学学报（社会科学版），2012（2）：56 –64.

［221］孙光国，孙瑞琦．控股股东委派执行董事能否提升公司治理水平［J］．南开管理评论，2018，21（01）：88 –98 +108.

［222］孙毅．基于资产专用性理论的控制性股东行为分析［J］．中国物价，2013（2）：64 –65.

［223］孙毅．控制性股东专用性资产投资行为研究［D］．南京：南开大学商学院，2013.

［224］谭雪．分析师关注的治理功用研究——基于两类代理成本的考察［J］．证券市场导报，2016（12）：37 –45.

［225］唐建新，李永华，卢剑龙．股权结构、董事会特征与大股东掏空—来自民营上市公司的经验证据［J］．经济评论，2013（1）：86－95.

［226］田昆儒，游竹君，孙国强．非控股股东网络权力的投资角色定位［J］．商业经济与管理，2021（09）：56－70.

［227］田利辉，范乙凡．家族控股股东的侵占路径和上市公司利益的保护机制［J］．证券市场导报，2018（05）：4－12.

［228］田利辉，武晨，王可第．两权分离与公司违规——基于家族企业多个大股东的调节效应分析［J］．中国经济问题，2022（06）：99－114

［229］田利辉，叶瑶，张伟．两权分离与上市公司长期回报：利益侵占还是简政释权［J］．世界经济，2016，39（07）：49－72. DOI：10. 19985/j. cnki. cassjwe. 2016. 07. 004.

［230］田银华，李华金．股权结构、社会资本控制与控股股东利益侵占——来自中国家族上市公司的经验证据［J］．当代经济科学，2015，37（05）：89－95＋127.

［231］田银华，李华金．基于多理论视角的控股股东代理问题研究——文献述评与整合性框架构建［J］．财经论丛，2015（05）：90－97.

［232］童馨乐，褚保金，杨向阳．社会资本对农户借贷行为影响的实证研究—基于八省 1003 个农户的调查数据［J］．．金融研究．2011（12）：177－191.

［233］涂玉龙，陈春花．家族性、家族企业文化与家族企业绩效：机制与路径［J］．科研管理，2016，37（08）：103－112

［234］汪昌云，李宙甲，曾剑宇．控股股东股权质押会导致上市公司过度负债吗？［J］．投资研究，2022，41（03）：21－44.

［235］王国俊，陈浩，王跃堂．现金股利承诺对控股股东掏空行为的影响——基于委托代理视角的分析［J］．南京社会科学，2015（07）：24－32.

［236］王化成，李春玲，卢闯．控股股东对上市公司现金股利政策影响的实证研究［J］．管理世界，2007（1）：56－78

［237］王亮亮．控股股东“掏空”与“支持”：企业所得税的影响

[J]. 金融研究，2018（02）：172－189.

[238] 王茂林，何玉润，林慧婷. 管理层权力、现金股利与企业投资效率 [J]. 南开管理评论，2014（2）：13－22.

[239] 王孟成. 潜变量建模与 Mplus 应用—基础篇 [M]. 重庆：重庆大学出版社，2014.

[240] 王明琳，陈凌. 代理人还是管家—基于双重嵌入视角的家族企业行为及绩效研究 [J]. 中山大学学报（社会科学版），2013（2）：180－188.

[241] 王明琳，周生春. 西方家族企业代理问题研究现状 [J]. 外国经济与管理. 2005（6）36－58.

[242] 王明琳. 控制性家族类型，双重三层委托代理问题与企业价值 [J]. 管理世界，2006（8）：83－103.

[243] 王鹏. 同业竞争、管理层报酬与内部代理成本 [J]. 会计之友，2018（15）：104－107.

[244] 王书林，霍春辉. 控制权私人收益的内部治理问题—基于独立董事声誉激励机制的视角 [J]. 经济问题，2012（3）：67－74.

[245] 王雄元，欧阳才越，史震阳. 股权质押、控制权转移风险与税收规避 [J]. 经济研究，2018，53（01）：138－152.

[246] 王扬眉，叶仕峰. 家族性资源战略传承：从适应性到选择性组合创业——一个纵向案例研究 [J]. 南方经济，2018（10）：49－68.

[247] 魏锋，陈莹莹. 多个大股东与现金股利分配研究 [J]. 重庆大学学报（社会科学版），2022，28（03）：82－96.

[248] 魏志华，林亚清，黄寿峰. 家族控制，金融发展与上市公司现金股利政策 [J]. 投资研究，2012（8）：45－59.

[249] 魏志华，吴育辉，李常青，家族控制，双重委托代理冲突与现金股利政策，金融研究，2012，385（7）：168－181.

[250] 魏志华等. 家族企业研究：一个文献计量分析 [J]. 经济学（季刊），2013（1）：36－54.

[251] 巫岑，唐清泉. 关联并购具有信息传递效应吗？——基于企业

社会资本的视角［J］. 审计与经济研究，2016，31（02）：81-90.

［252］吴超鹏. 知识产权保护薄弱的国家如何发展高科技产业？—来自中国高科技企业的理论与实践证据［D］. 厦门：厦门大学经济管理系，2009.

［253］吴慧香，孙莉. 终极控股股东视角下的控制权配置对企业创新的影响研究［J］. 软科学，2019，33（09）：140-144.

［254］吴炯，马凤，肖杰杰. 家族企业传承的合法性壁垒研究——基于8位企业家的观点［J］. 华东经济管理，2018，32（04）：167-175.

［255］吴炯. 家族社会资本、企业所有权成本与家族企业分拆案例研究［J］. 管理学报，2013（2）：179-190.

［256］吴炯. 家族企业传承中的社会资本代际调适——基于海鑫集团的案例研究［J］. 管理案例研究与评论，2015，8（04）：303-322.

［257］吴炯. 家族企业剩余控制权传承的地位、时机与路径——基于海鑫、谢瑞麟和方太的多案例研究［J］. 中国工业经济，2016（04）：110-126.

［258］吴炯. 家族权力成本对家族权力集中度的影响［J］. 管理学报，2014，11（06）：808-818.

［259］吴炯. 家族社会资本、企业所有权成本与家族企业分拆案例研究［J］. 管理学报，2013，10（02）：179-190.

［260］吴军. 监督抑或合谋：控股股东与高管超额薪酬［J］. 财会通讯，2015（27）：48-50

［261］吴世飞. 股权集中与第二类代理问题研究述评［J］. 外国经济与管理，2016，38（01）：87-100.

［262］吴文峰，吴冲锋，芮萌. 中国上市公司高管的政府背景与税收优惠. 管理世界，2009（3）：134-142.

［263］吴育辉. 股权分置改革后控股股东新的掏空行为研究［J］. 北京：北京大学出版社，2012.

［264］肖成民. 制度环境、公司治理与利益侵占［M］. 上海：立信会计出版社，2012.

[265] 肖作平，金虹敏，苏忠秦. 控股股东对财务重述的影响研究——基于法律制度的调节作用 [J]. 证券市场导报，2020 (10)：12 – 22 + 32.

[266] 肖作平，廖理. 终极控制股东，法律环境与融资结构选择[J]. 管理科学学报，2012 (9)：84 – 96.

[267] 谢宏. 家族治理与家族企业治理模式发展研究—关系契约与企业规则融合的困境与出路 [M]. 杭州：浙江大学出版社，2011.

[268] 辛金国，吴雪婷. 家族企业政治联系与传承绩效实证研究——基于社会情感财富理论的分析 [J]. 浙江社会科学，2016 (10)：72 – 80 + 156 – 157.

[269] 辛金国，张梅. 创始人社会资本、家族超额控制与企业过度负债 [J]. 浙江社会科学，2019，No. 270 (02)：61 – 73 + 107 + 157.

[270] 熊凌云，蒋尧明，连立帅，杨李娟. 控股股东杠杆增持与企业现金持有 [J]. 中国工业经济，2020 (08)：137 – 155

[271] 徐宁，姜楠楠. 高管薪酬管制、产权性质与双重代理成本[J]. 重庆大学学报 (社会科学版)，2016，22 (06)：93 – 102.

[272] 徐宁，任天龙，吴创. 治理主体间的权力博弈影响了股权激励双重效应吗？—以民营中小上市公司为例 [J]. 经济评论，2014 (3)：64 – 74.

[273] 徐宁，任天龙. 高管股权激励对民营中小企业成长的影响机理——基于双重代理成本中介效应的实证研究 [J]. 财经论丛，2014，180 (4)：55 – 63.

[274] 徐宁，吴皞玉. 高管声誉影响了上市公司权力配置吗？——双重代理关系框架下的实证研究 [J]. 现代财经 (天津财经大学学报)，2018，38 (06)：31 – 44.

[275] 徐细雄. 利益侵占，风险补偿与控制权私利：实验的证据[J]. 经济管理 2012 (6：36 – 44.

[276] 徐向艺，卞江. 公司治理中的中小股东权益保护机制 [J]. 中国工业经济，2004 (9)：102 – 113.

［277］许艳芳，叶美秀．社会资本、隐形控制与掏空——基于广东博信的案例研究［J］．管理案例研究与评论，2014，7（02）：106－117.

［278］严成樑，社会资本，创新与长期经济增长［J］．经济研究，2012（11）：48－60.

［279］严继超，刘瑞涵．控股股东掏空、投资者保护与企业价值综述——基于 LLSV 研究范式的视角［J］．财会通讯，2014（36）：44－49＋129.

［280］杨安宁，杨玉秀．社会资本结构与家族企业的可持续发展［J］．湖北社会科学，2012（7）：51－55.

［281］杨宝，龚小凤，宁青青．股份全流通推进、控股股东与企业现金分红决策［J］．经济与管理，2016，30（04）：77－88.

［282］杨慧辉，潘飞，刘钰莹．控制权变迁中的权力博弈与股权激励设计动机——基于上海家化的案例分析［J］．财经研究，2019，45（08）：140－152

［283］杨慧辉，汪建新，郑月．股权激励、控股股东性质与信贷契约选择［J］．财经研究，2018，44（01）：75－86.

［284］杨俊杰，曹国华．基于声誉考虑的高管和控股股东策略演化博弈研究［J］．重庆大学学报（社会科学版），2016，22（04）：71－80.

［285］杨良明，周立新．社会情感财富与家族企业网络战略研究——来自浙江和重庆制造业家族企业的证据［J］．重庆大学学报（社会科学版），2016，22（05）：65－73.

［286］杨松令，王昱茜，刘亭立．大股东关系对关联交易的影响——基于社会资本视角［J］．现代财经（天津财经大学学报），2014，34（11）：60－70.

［287］杨松令，王志华，刘亭立．控股股东社会资本、创新意愿与技术创新的关系——兼议股权资本和产权性质的情境效应［J］．科技管理研究，2019，39（03）：16－25.

［288］杨松令，王志华，赵加良．控股股东社会资本能否提升企业创新效率——基于高管激励中介作用的视角［J］．河南社会科学，2019，27

(06): 60 - 66.

[289] 杨兴全，赵锐，杨征．央企集团高管变更优化控股公司投资行为吗［J］．江西财经大学学报，2023 (01): 36 - 52.

[290] 杨熠，沈艺峰，现金鼓励传递盈利信号还是起监督治理作用［J］．中国会计评论，2004 (1): 61 - 76.

[291] 杨玉秀．家族企业代际传承中的家族社会资本［J］．当代经济管理，2014，36 (08): 23 - 29.

[292] 杨玉秀．企业家社会资本与家族企业代际传承［J］．西安财经学院学报，2016，29 (06): 115 - 121.

[293] 叶康涛，陆正飞，张志华．独立董事能否抑制大股东的掏空?［J］．经济研究，2007 (4): 129 - 141.

[294] 叶勇，胡培，何伟．上市公司终极控制，股权结构及公司绩效［J］．管理科学，2005 (2): 58 - 64.

[295] 游家兴，邹雨霏．社会资本、多元化战略与公司业绩—基于企业家嵌入性网络的分析视角［J］．南开管理评论，2014 (5): 91 - 101.

[296] 余明桂，夏新平，潘红波．控股股东与中小股东之间的代理问题：来自中国上市公司的经验证据［J］．管理评论，2007 (4): 3 - 12.

[297] 余瑶，朱和平．股权结构、董事会特征与控股股东代理成本——来自江浙民营上市公司的经验数据［J］．会计之友，2015 (03): 48 - 51.

[298] 俞红海．股权集中下的控股股东侵占与公司治理研究［J］．南京：南京大学出版社，2012.

[299] 袁显平，徐兰欣．债券融资、股权质押与企业价值——基于代理成本的中介效应［J］．会计之友，2021 (22): 42 - 49.

[300] 詹姆斯．科尔曼（美）．社会资本理论的基础［M］．邓方译．北京：社会科学文献出版社，1999: 354.

[301] 张春霞，陆璐，李志生．实际控制人性质对上市公司及其高管违规处罚的影响研究［J］．投资研究，2013 (11): 101 - 120.

[302] 张方华，知识型企业的社会资本与技术创新绩效研究［D］．杭

州：浙江大学，2004.

［303］张俭，石本仁．制度环境、两权分离与家族企业现金股利行为——基于2007—2012年中国上市家族企业的经验证据［J］.2014（5）：119－128.

［304］张军华．控股股东财务行为与企业融资约束——基于股权质押的视角［J］．金融与经济，2020（11）：82－90.

［305］张克中，社会资本，诚信与湖北经济发展［J］．华中科技大学学报（社会科学版），2005（5）：66－72.

［306］张宁，郑少锋．终极所有权结构和代理问题的严重性与公司业绩［J］．重庆大学学报（社会科学版），2015，21（02）：58－68.

［307］张润宇，余明阳，张梦林．社会资本是否影响了上市家族企业过度投资？——基于社会资本理论和高阶理论相结合的视角［J］．中国软科学，2017（09）：114－126.

［308］张天舒．所有权和控制权的分离：治理效率、公司价值与股利分配［J］．南京社会科学，2015（03）：42－49.

［309］张维迎，柯荣柱，信任及其解释：来自中国的跨省调查分析［J］．经济研究，2002.（10）：59－70.

［310］张淼．合理掏空动机，超额掏空动机与控制权私有收益．财务与金融，2013，14（11）：30－34.

［311］张莹，李健．两权分离会导致更严重的企业融资约束么？［J］．南方金融，2019（07）：40－50.

［312］张治军．基于社会资本视角的家族企业成长研究—以山东省为例［D］．山东大学.2011（11）.

［313］章迪诚，严由亮．高管薪酬激励、第二类代理成本与企业绩效［J］．会计之友，2017（17）：89－94.

［314］章卫东，汪芸倩，刘若梦．上市公司增发新股类型与过度投资关系——来自中国A股上市公司的经验证据［J］．经济评论，2017（01）：68－79＋105.

［315］赵昌文，庄道军．中国上市公司的有效控制权及实证研究［J］.

管理世界，2004（11）：126－135.

［316］赵晶，关鑫，高闯．社会资本控制替代了股权控制链吗？—上市公司—终极股东双重隐形控制链的构建与动用［J］．管理世界，2010（3）：127－139.

［317］赵晶，郭海．公司实际控制权、社会资本控制链与制度环境［J］．管理世界，2014（9）：160－171.

［318］赵晶，张书博，祝丽敏，王明．个人社会资本与组织社会资本契合度对企业实际控制权的影响——基于国美电器和雷士照明的对比［J］．中国工业经济，2014（3）：121－133.

［319］赵晶，祝丽敏，王明．市场适应性，社会资本和企业制度化研究——基于国美电器的案例分析［J］．经济理论与经济管理，2015（1）：85－109.

［320］赵景文，于增彪．股权制衡与公司经营业绩［J］．会计研究，2005（12）：104－109.

［321］赵明达．论文温州家族企业成长与社会资本的融合［J］．西安财经学院学报.2009（2）：56－62.

［322］赵瑞．社会资本视角下企业融资行为研究［D］．厦门：华侨大学，2012.

［323］甄红线，史永东．终极所有权结构研究—来自中国上市公司的经验证据［J］．中国工业经济，2008（11）：108－118.

［324］郑国坚，林东杰，张飞达．大股东财务困境、掏空与公司治理的有效性—来自大股东财务数据的证据［J］．管理世界，2013（5）：157－168.

［325］郑军，林钟高，彭琳．法制环境、关系网络与交易成本—来自中国上市公司的经验证据［J］．财经研究，2013（6）：51－62.

［326］郑丽，陈志军．母子公司人员嵌入、控制层级与子公司代理成本［J］．经济管理，2018，40（10）：75－91.

［327］郑志刚，孙娟娟，Rui Oliver．任人唯亲的董事会文化和经理人超额薪酬问题［J］．经济研究，2012（12）：111－124.

［328］钟锦文，张晓盈．家族企业成长及其与社会资本的融合［J］．江西社会科学，2005（6）：189－193.

［329］周方召，潘鹏杰．控股股东，投资者法律保护和公司价值研究综述：基于不对称股权结构视角［J］．外国经济与管理，2011（11）：42－48.

［330］周建，袁德利．公司治理机制与公司绩效：代理成本的中介效应［J］．预测，2013（2）：18－25.

［331］周生春，陈倩倩．基于家族性和嵌入视角的家族企业定义新探讨［J］．河北经贸大学学报，2013（12）：45－48.

［332］周小虎．企业社会资本与战略管理［M］．北京：人民出版社，2006.

［333］周艳玲，甫玉龙，企业社会资本的生成及来源要素分析［J］．生产力研究，2011，（11）：27－31.

［334］周晔馨，社会资本是穷人的资本吗？——基于中国农户收入的经验证据［J］．管理世界.2012（7）：83－95.

［335］周中胜，陈汉文．大股东资金占用与外部审计监督［J］．审计研究，2006（3）：66－71.

［336］朱春艳，伍利娜，田利辉．代理成本、弹性信息披露对审计收费的影响［J］．会计研究，2017（07）：89－95＋97.

［337］朱春艳，张昕．控股股东——中小股东冲突、公司治理对非效率投资的交互影响［J］．上海对外经贸大学学报，2019，26（02）：69－83.

［338］朱建安，陈凌，窦军生，王昊．制度环境、家族涉入与企业行为——转型经济视角下的家族企业研究述评［J］．山东社会科学，2015（02）：146－152

［339］朱仁宏，伍兆祥，靳祥鹏．言传身教：价值观一致性、家族传承与企业成长关系研究［J］．南方经济，2017（08）：68－83.

［340］朱卫东，许赛．融资约束视角下终极控股股东对企业风险承担的影响［J］．工业技术经济，2016，35（03）：78－87.

后　记

本书是在我的博士论文基础上修订完成的。2015 年毕业至今，在湖南科技大学商学院、湖南创新发展研究院工作期间，众多师长亲友给予了我许多无私的帮助，在本书出版之际，特对他们表示最诚挚的感谢。

诚挚地感谢我的导师田银华教授。求学和工作期间，田老师给了我很大的帮助和关心，内心的感激之情无法言喻。老师对学术一丝不苟和孜孜以求的精神对我是一种潜移默化的激励，老师对生活善良而豁达的态度更是让我由衷敬佩，受益终生。特别感谢湖南科技大学商学院、湖南创新发展研究院的领导、老师对我的关心和帮助，谢谢你们让我拥有一个轻松愉快的工作环境。

感谢我的师母冯地红老师，在生活中冯老师给了我很大的帮助和支持，与冯老师的每一次交流都如沐春风，受益匪浅。感谢我的爱人夏军成先生，从最初的相识到现在，一直都给了我无限的宽容和支持，在我踟蹰不前想要逃避退缩的时候，他总是给予我最大的鼓励和安慰，令我能够更加自信和勇敢地面对挫折和困难。感谢我的女儿夏熙雯、夏紫鑫两位小朋友，她们的笑容是我快乐的源泉，也是我前进的动力。最后要感谢的，也是最重要的，是我的父母和我的公公婆婆，农民出身的父母教会了我最朴实的生活态度，一如既往关心我、支持我和宽容我；我的公公婆婆，无怨无悔地帮我照看女儿，让我能够专注于工作，遇到他们并成为他们的儿女是我的幸运。

感谢国家自科基金项目（42101172）、湖南省自科基金青年项目

(2020JJ5167、2021JJ40217)、湖南省社科基金青年项目(18YBQ052)、长沙市烟草局科技项目(CS2022KJ10)为本书出版提供了资金支持。感谢湘潭大学出版社。

李华金

2023 年 5 月于湖南科技大学

图书在版编目（CIP）数据

社会资本与家族企业控股股东代理问题研究 / 李华金著. -- 湘潭 : 湘潭大学出版社, 2023.8
ISBN 978-7-5687-1203-3

Ⅰ. ①社… Ⅱ. ①李… Ⅲ. ①家族－私营企业－企业管理－研究 Ⅳ. ① F276.5

中国国家版本馆 CIP 数据核字（2023）第 162323 号

社会资本与家族企业控股股东代理问题研究

SHEHUI ZIBEN YU JIAZU QIYE KONGGU GUDONG DAILI WENTI YANJIU

李华金 著

责任编辑：姚海琼
封面设计：于　扬
出版发行：湘潭大学出版社
社　　址：湖南省湘潭大学工程训练大楼
电　　话：0731-58298960 0731-58298966（传真）
邮　　编：411105
网　　址：http://press.xtu.edu.cn/
印　　刷：长沙鸿和印务有限公司
经　　销：湖南省新华书店
开　　本：710 mm×1000 mm 1/16
印　　张：12.5
字　　数：206 千字
版　　次：2023 年 8 月第 1 版
印　　次：2023 年 8 月第 1 次印刷
书　　号：ISBN 978-7-5687-1203-3
定　　价：45.00 元